당일치기 조선여행
전국편

당일치기 조선여행

전국 편

지식 가이드와 떠나는
팔도강산 역사 투어

朝鮮

Day Tours to Joseon

트래블래이블
이용규
김혜정
송은교
장보미
최윤정

note & knot

여는 글

전국 각지에 흩어진
조선의 시간을 찾아서

'지식 가이드'를 아시나요? 유럽 현지에서 루브르 박물관이나 내셔널 갤러리 투어에 참여해보았다면 깊이 있는 해설을 건네는 지식 가이드를 이미 만나셨을 텐데요. 우리나라에도 역사 현장에서 우리의 이야기를 발굴하고 역사 투어를 진행하는 지식 가이드들이 있습니다.

《당일치기 조선여행 전국 편》은 5명의 베테랑 지식 가이드가 우리나라 각지에 숨겨진 조선의 이야기를 새롭게 발굴해 엮어낸, 당일치기 역사 투어의 정수입니다. 독자들의 많은 사랑을 받은《당일치기 조선여행》의 후속 편이기도 하지요.

《당일치기 조선여행 전국 편》은 전작과 마찬가지로 인물과 장소를 중심으로 여행하듯 이야기를 풀어냅니다. 또한 조선과 식민지 조

5

선, 두 시대의 조선이 역사의 무대로 등장하지요. 하지만 그 무대를 구성하는 장소와 그곳을 누비는 주체는 훨씬 다양해졌습니다.

'조선의 시간은 왕실의 역사 너머 어떤 이야기로 만들어졌을까?' 라는 질문에서 출발한 이번 책. 전국 각지에서 찾아낸 조선 사람들의 이야기를 담아 '조선은 다양성의 시대'라는 것을 보여줍니다. 일종의 직업인이었던 무녀부터 지역의 예술가, 이름 없는 독립운동가와 일제에 맞서 권리를 외친 노동자까지, 우리 역사를 만든 또 다른 주인공들을 만나보세요.

첫 권인 《당일치기 조선여행》이 경복궁, 국립중앙박물관 등 서울의 역사적 장소들을 탐색했다면, 《당일치기 조선여행 전국 편》은 600년의 역사가 넘실대는 팔도강산을 누빕니다. 서울의 궁궐이나 박물관과 달리 지역의 역사 투어는 수요도 콘텐츠도 상대적으로 부족한 게 현실입니다. 그래서 이번 책에 실린 대부분의 역사 투어 스크립트를 새롭게 만들어야 했습니다.

인공지능을 통해 더 쉽게, 더 정제된 정보를 얻을 수 있는 시대지만, 여행과 이야기의 힘으로 직접 보고 경험한 역사는 오래도록 우리의 마음에 남습니다. 이 책과 함께라면 다음 여행길은 더욱 특별해질 것입니다.

전국 곳곳에서 우리 이야기를 길어낸 집필진과 노트앤노트 출판사, 감수를 맡아주신 이도남 교수님, 감사합니다. 무엇보다 우리의 역사를 사랑하는 독자 여러분께 진심으로 감사의 인사를 드립니다.

저자를 대표하여,
트래블레이블 이용규

여는글

이 책 사용법

지도 소개

1부는 조선 시대의 도시 5곳, 2부는 일제 강점기의 도시 7곳으로 시간여행을 떠납니다. 빨간색 마커는 조선 시대, 파란색 마커는 일제 강점기가 이야기의 배경이 되는 도시입니다. 단, 빨간색 마커로 표시한 서울은 1부와 2부에 모두 등장합니다.

코스 소개

이 책에 수록된 12개의 여정마다 '스토리 코스'와 '실전 투어 코스'를 소개합니다. 책의 이야기를 따라 스토리 코스를 읽어나간 뒤, 실제 여행에선 지식 가이드들이 직접 걸어보고 개발한 실전 투어 코스를 따라 걸어보세요.

도시별 지도 활용

이 책에 수록된 12개의 지도에는 여행을 떠날 이들을 위해 현재의 지형과 도로, 철도 노선 등을 담았습니다. 장소의 이름은 옛 이름을 기본으로 하고 괄호 안에 현재의 명칭을 표기했습니다.

일러두기

* 맞춤법과 띄어쓰기는 국립국어원의 용례에 따르되, 일부 인용 글은 당시의 표현을 살리기 위해 그대로 실었습니다.

* 국내에 번역서가 출간되지 않은 도서, 뜻풀이가 필요하거나 동음이의어가 있는 한시의 제목은 원문을 병기했습니다. 실록이나 신문, 한시의 인용 글은 본문에 맞춰 원문의 표현을 살리거나 뜻이 잘 전달되도록 현대어로 풀어서 실었습니다.

* 단행본, 실록, 신문, 잡지, 연속 간행물 제목은 겹화살괄호(《 》), 기고, 기사, 영화, 드라마, 노래, 그림, 단편 소설은 홑화살괄호(〈 〉)를 사용했습니다.

* 우리나라 행정구역에서 시·도는 특별시·광역시·특별자치시·도·특별자치도로 구분하나, 이 책에서는 조선과 일제 강점기의 도시들을 같은 위상으로 소개하기 위해 시·도로만 표기했습니다.

* 책에 소개한 장소의 정보, 즉 운영 시간, 요금, 홈페이지 등은 2025년 12월 기준으로 작성되었기 때문에 방문 전 반드시 확인이 필요합니다.

* 본문 마지막에는 해당 글을 집필한 작가의 필명이 등장합니다. 가이드 K는 김혜정, 가이드 S는 송은교, 가이드 J는 장보미, 가이드 C는 최윤정 작가입니다.

차례

1부 조선으로 떠나는 시간여행

2부 일제 강점기로 떠나는 시간여행

시간여행 떠나기 전에,
조선 시대~일제 강점기 연표

조선 시대~구한말

1392~1897

1392	태조 1년	조선 건국, 1대 태조 즉위	
1394	태조 3년	한양 천도	
1395	태조 4년	종묘·경복궁 창건	
1396	태조 5년	광희문 건립	
[여정 02]		서울X신당동	42
1405	태조 5년	창덕궁 창건	
1418	세종 즉위년	수강궁 창건	
1420	세종 2년	집현전 설치	
1441	세종 23년	측우기 제작	
1443	세종 25년	훈민정음 창제	
1453	단종 1년	계유정난	
1483	성종 14년	수강궁을 확장해 창경궁 창건	
1485	성종 16년	《경국대전》 반포	
1504	연산 10년	신사임당, 오죽헌에서 출생	
[여정 04]		강릉X신사임당과 허난설헌	90
1506	중종 1년	중종반정, 11대 중종 즉위	
1519	중종 14년	기묘사화	
1543	중종 38년	주세붕, 백운동서원 건립	
1559	명종 14년	임꺽정의 난	
1560	명종 15년	퇴계 이황, 도산서당 건립	
[여정 03]		안동X도산서원	66
1575	선조 8년	도산서원, 사액서원으로 승격	
1592	선조 25년	임진왜란 발발	
1597	선조 30년	정유재란	
		명량대첩	

시간여행 떠나기 전에, 조선 시대~일제 강점기 연표

대한제국

1897~1910

일제 강점기

1910~1945

1부

지식 가이드와 떠나는
팔도강산 역사 투어

朝鮮

Day Tours to Joseon

조선으로
떠나는
시간여행

수원 × 수원화성

백성을 사랑한 임금을 따라서

여정 01

〈이산〉, 〈역린〉, 〈옷소매 붉은 끝동〉 등 사극의 주인공으로 자주 등장한 조선 22대 왕 정조. 정조에 대해 이야기할 때면 늘 뒤주에 갇혀 비극적 죽음을 맞이한 그의 아버지 사도세자가 등장합니다. 하지만 그건 정조가 만든 세상의 도입부에 불과합니다.

개혁 군주 정조는 18세기 조선의 르네상스를 일으키며, 왕실 도서관인 규장각과 국왕의 친위 부대 장용영을 통해 문무를 겸비한 조선을 만들고자 했습니다. 또한 그는 자신의 꿈이 담긴 아름답고 독보적인 성곽, 수원화성을 만들어냅니다. 오늘 우리는 정조가 만든 신도시 수원을 거닐며, 그가 펼치고자 했던 도시를 상상해보려 합니다.

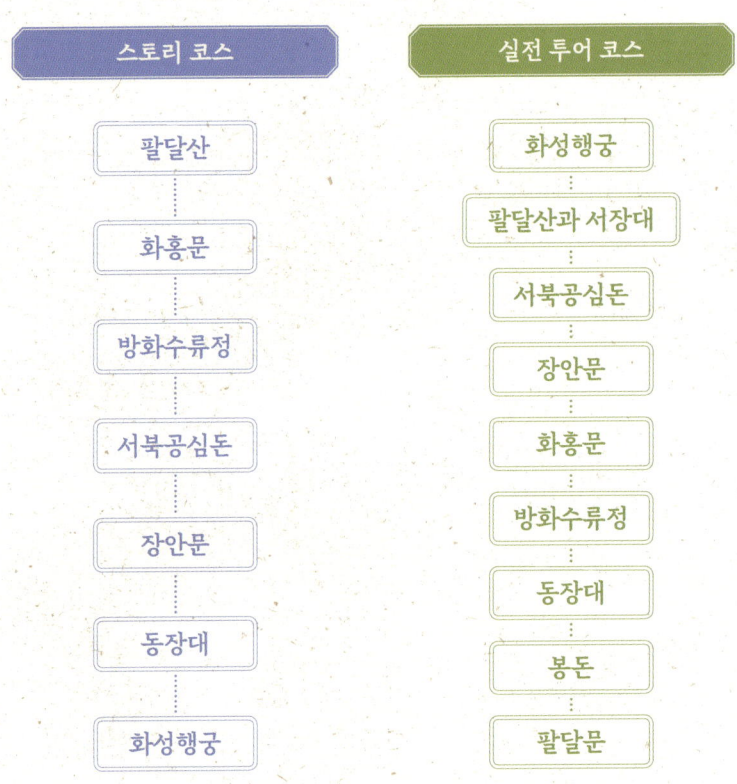

스토리 코스	실전 투어 코스
팔달산	화성행궁
화홍문	팔달산과 서장대
방화수류정	서북공심돈
서북공심돈	장안문
장안문	화홍문
동장대	방화수류정
화성행궁	동장대
	봉돈
	팔달문

정보

주요 도로
일반 도로
보조 도로
공원, 녹지
하천

장안문

방화수류정

동장대

화홍문

수원화성

서북공심돈

선경도서관

동광과학교재사

수원화성박물관

화성행궁

봉돈

서장대

팔달산

지동시장

팔달문

못골시장

0 100m

N

이제
때가 되었다

수원화성에 도착하면 이런 궁금증이 생깁니다. 왜 수원화성은 수원시에 있고, 성곽의 이름을 딴 화성시는 따로 있을까? 뭔가 엄청난 비밀이 숨겨져 있을 것 같지만 그 이유는 사실 단순합니다. 원래 수원은 화성시에 있었는데 정조가 시가지를 비롯한 수원의 중심을 현재의 수원시로 옮긴 것입니다. 다시 말해 지금의 화성시는 구舊수원이고, 수원시는 신新수원인 셈이죠.

우리나라 최초의 계획 신도시로 알려진 수원의 역사는 1789년, 정조의 효심에서 시작되었습니다. 정조는 산자락에 외롭게 자리하고 있던 아버지 사도세자의 무덤을 1000년에 한 번 나올 최고의 명당에 모시고자 했습니다. 그런데 여기서 문제가 발생합니다. 그렇게 찾아낸 곳이 이미 많은 백성이 살고 있는 수원의 중심부였던 것이죠. 이들을 내쫓을 수 없었던 정조는 땅이 비옥하고 사통팔달한 팔달산 동쪽에 새로운 도시를 건설하기로 마음먹습니다.

팔달산은 해발 128m로 야트막하지만 수원 시내가 한눈에 내려다보입니다. 이곳에 오른 정조는 수원을 바라보며 무슨 생각을 했을까요.

> "이곳은 본디 허허벌판으로 인가가 겨우 5, 6호였는데 지금은 1000여 호나 되는 민가가 즐비하게 찼구나. 몇 년이 안 되어 어느덧 하나의 큰 도회지가 되었으니 지리의 흥성함이 절로 그 시기가 있는 모양이다."
>
> –《정조실록》 39권, 정조 18년 1월 15일

팔달산 서장대와 수원 전경.

1부 · 조선으로 떠나는 시간여행

정조는 아버지의 무덤을 지키고, 신도시로 이주한 백성들의 편안한 삶을 위해 오래전부터 계획했던 수원화성 축성을 실행합니다. 1794년은 정조의 일생일대의 꿈이 실현되는 해였습니다. 그리고 그 꿈은 백성들을 위해 성곽 안의 물길을 정비하는 데서부터 시작되었습니다.

수원화성에 내려앉은 무지개, 화홍문

수원水原은 말 그대로 '물의 근원지'라는 의미입니다. 그렇다면 이 물은 어디에서 오는 걸까요? 바로 수원의 어머니라고 할 수 있는 광교산입니다.

광교산에서 내려온 물줄기는 수원화성으로 들어와 수원천을 이룹니다. 버드나무가 늘어선 수원천의 모습, 아름답지 않나요? 정조도 이 모습에 반해 수원화성을 "유천柳川성"이라고 불렀습니다. 하지만 잔잔해 보이는 수원천은 여름 장마철만 되면 범람하기 일쑤였지요.

이에 정조는 성을 쌓을 때 가장 먼저 물길을 넓히고, 성의 북쪽과 남쪽에 물의 양을 조절할 수 있는 수문을 설치하게 합니다. 이때 세운 남쪽 수문은 '남수문'이라 하지만, 북쪽 수문은 '북수문' 대신 "화홍문華虹門"으로 불립니다. 정조는 수문을 설치할 당시 북수문 위에

7개의 무지개 모양 수문, 화홍문.

병사들뿐 아니라 백성들도 편하게 머무를 수 있도록 누각을 세우라는 명을 내립니다. 그리고 누각에 '화성의 아름다운 무지개'라는 뜻의 화홍문이라는 이름을 붙였죠.

정조가 사랑했던 정자, 방화수류정

화홍문을 마주하고 오른쪽을 보면 언덕에 놓인 독특한 형태의 정자에 눈길이 갑니다. 수원화성에서 가장 빼어난 경관을 자랑하는 방화수류정訪華隨柳亭입니다. '꽃을 찾고 버들을 따라 노닌다'라는 뜻의 이름마저 아름다운 이곳에 올라서면 동그란 연못에 버드나무가 가득하고, 봄에는 꽃이 만발한 풍경을 볼 수 있습니다.

정조도 이 경치를 참 좋아했습니다. 얼마나 좋아했던지, 건물의 초석을 놓고 완성되기까지 40일도 걸리지 않았을 만큼 서둘렀지요. 이후 수원으로 행차할 때면 성을 둘러보다 늘 이곳에 들러 활을 쏘거나 시를 지으며 풍광을 즐기곤 했습니다.

방화수류정에 올라 활쏘기를 하던 정조가 백성들을 대상으로 활쏘기 시합을 열어 1등에게 무과 최종 시험의 기회를 준 일도 있었습니다. 그야말로 풍류와 축제가 어우러지는 장이었던 것이죠. 정조가 이곳에서 지었던 시 한 구절을 함께 살펴볼게요.

정조, 용두바위 위에 용의 뿔을 얹다.

"봄날 성을 두루 돌아도 해는 아직 지지 않고 / 방화수류정의 구름 낀 경치 더욱 맑고 아름답구나 / 수레를 세워놓고 세 번 쏘기가 묘하니 / 만 그루 버드나무 그림자 속에 화살은 꽃과 같네"

－《화성성역의궤》 2권, 정조 21년 1월 29일

방화수류정의 원래 이름은 동북각루였습니다. 각루角樓는 성곽의 귀퉁이에서 사방을 살피는 감시 초소로, 마치 뿔처럼 튀어나와 있다고 해서 붙은 이름입니다. 그런데 다른 각루와 달리 동북각루, 즉 방화수류정은 지붕 모양이 독특합니다.

방화수류정은 용두바위 위에 지은 각루입니다. 정조는 각루 아래 용연과 용두바위를 보고 상서로운 바위의 모습이 우연은 아닐 것이라 여겼습니다. 그는 용머리를 한 용두바위에 뿔을 선물하기로 합니다. 그렇게 용의 뿔과 비슷한 형태인 십자각 지붕이 탄생했지요. 용연에서 보이는 방화수류정, 용의 뿔처럼 보이나요? 이처럼 수원화성에는 다른 성곽에서는 보기 힘든 독특한 모습이 많습니다.

정조표 다목적 군사 시설, 서북공심돈

수원화성의 사대문 중 동문(창룡문)과 서문(화서문)에는 독특한 시설물이 있습니다. 동문에는 원통 모양으로, 서문에는 사다리꼴 모양으로 만들어져 있지요. 꼭대기에는 지붕이 있고, 층마다 구멍이 뚫린 이것은 무엇일까요?

예전에는 성곽에서 조금 떨어진 곳에 적군을 감시하는 망루이자 요새인 돈대墩臺가 있었습니다. 하지만 조선 후기, 화포 공격으로 격파당할 우려가 커지며 돈대를 성곽 가까이에 붙이자는 주장이 등장합니다. 그 시작이 바로 수원화성의 공심돈입니다. 공심돈空心墩은 '속이 비어 있는 돈대'로, 병사들이 안으로 들어갈 수 있어 공격과 방어 모두 가능합니다. 그렇다면 왜 동쪽과 서쪽에만 공심돈을 설치한 걸까요?

화서문(오른쪽)을 지키는 창과 방패, 서북공심돈(왼쪽).

그 비밀은 바로 수원화성의 서문인 '화서문華西門'에서 찾을 수 있습니다. 서북공심돈 바로 옆에 들어선 화서문은 양옆의 지형이 각각 다릅니다. 오른쪽은 산자락이지만, 왼쪽은 평지라서 적군이 쉽게 들어올 수 있는 환경이죠. 그래서 대포를 쏘는 포루 역할뿐만 아니라 적의 동태를 살피는 망루 역할까지 하는 공심돈을 설치한 것입니다. 공격과 방어 모두 가능한 공심돈을 만든 후 정조는 매우 흡족했는지 이런 말을 남겼습니다.

> **"공심돈에 이르러 각신과 승지에게 이르기를, '공심돈은 우리 동국의 성제에서는 처음 있는 것이다. 여러 신하들은 마음껏 구경하라.'"**
>
> -《정조실록》 46권, 정조 21년 1월 29일

정조의 자부심이 엿보인 서북공심돈을 뒤로하고 성곽길을 따라 걷다 보면 중층 구조의 성문이 나타납니다. 한양에서 내려오던 정조가 제일 먼저 만났을 수원화성의 북문이자 정문인 장안문입니다.

모두의 평안을 기원하는 문, 장안문

숭례문보다 큰 장안문 앞에는 성문을 둥글게 감싼 시설물이 하나 있습니다. 마치 항아리를 반으로 가른 모습과 비슷하다고 해서 '옹성甕城'이라고도 하는 이 시설물은 성문을 보호하려 성문 바깥에 설치한 이중 성곽입니다. 수원화성은 모든 문에 이 옹성이 있는데, 튼튼하고 견고한 벽돌로 만들었습니다.

그런데 성곽을 만들 당시에는 벽돌 사용을 반대하는 신하들도 있었습니다. 고급 자재였던 벽돌 굽는 일에 익숙하지 않고, 벽돌을 구울 땔감을 대기 어렵다는 이유에서였습니다. 이에 정조는 옹성의 중요성을 강조하며 다음과 같은 말을 남깁니다.

> **"한갓 겉모양만 아름답게 꾸미고 견고하게 쌓을 방도를 생각하지 않으면 참으로 옳지 않지만, 겉모양을 아름답게 하는 것도 적을 방어하는 데 도움이 된다."**
>
> -《정조실록》38권, 정조 17년 12월 8일

비장려 무이중위非壯麗 無以重威, '웅장하고 화려하지 않으면 위엄을 보일 수 없다'. 이 말은 현재 수원화성을 일컫는 최적의 수식어가 되었습니다. 수원화성은 돌과 벽돌을 함께 활용한 만큼 그 특징이 뚜렷하며, 용도에 따라 벽돌만을 이용해 견고함을 더한 곳도 있습니다.

'모두가 오래 평안하다'라는 의미가 담긴 장안문長安門의 이름처럼, 이 문을 짓는 과정에서도 백성을 배려한 정조의 마음을 엿볼 수 있습니다. 성터를 알아보던 중 이주할 백성들의 집터와 겹친다는 사

1부 · 조선으로 떠나는 시간여행

옹성으로 둘러싼 평안의 문, 장안문.

실을 알게 된 정조는, 그들이 또다시 이주하는 불편을 겪어서는 안 된다며 장안문의 위치를 바꾸었지요. 거기에 더해 성 바깥의 논을 피해가며 성곽을 만드느라 그 형태가 구불구불합니다. 결국 처음 예상했던 길이보다 1km가 늘어나 현재 성곽의 길이는 5.74km입니다.

그렇다면 수원화성을 축성하는 데는 얼마나 걸렸을까요? 성곽을 설계할 땐 10년을 예상했지만, 예상과는 달리 불과 2년 9개월 만에 공사가 완료됐습니다. 철저한 설계와 실용적인 과학 기구들도 한몫 했지만, 여기에는 정조의 따스한 복지 정책이 숨어 있습니다. 당시 백성들은 나라에서 진행하는 공사에 강제로 동원되었을 뿐만 아니라 임금도 받지 못했습니다. 하지만 정조는 달랐습니다. 그는 인부들에게 일한 만큼 성과급을 줬고, 공사 도중 엄청난 더위가 찾아왔을 때는 더위를 식혀주는 척서단이라는 약을 직접 만들어 하사했습니다. 또한 나라의 상황도 함께 신경 쓰며 흉년에는 공사를 중단하기도 했지요.

정조는 성곽 축성을 군사 시설에 익숙한 무신들에게 맡겼습니다. 공사 총괄책임에는 수원이 본관인 조심태, 실무 책임에는 이유경을 배치했는데, 이들은 수원을 잘 알면서 군사 지식까지 갖추고 있어 정약용의 설계를 수원 지형에 딱 맞게 적용했습니다. 이런 모두의 노력으로 2년 9개월 만에 성곽의 꽃이라 불리는 수원화성을 완성할 수 있었습니다.

1부 · 조선으로 떠나는 시간여행

날마다
무예를 연마하라

정조는 즉위 후 무예를 발전시키기 위해 친위 부대인 장용영을 설치했습니다. 정조는 문文과 무武는 마치 수레의 바퀴, 새의 날개와도 같아 서로 떨어질 수 없는 존재라고 생각했습니다. 장용영은 내영과 외영으로 나뉘어 내영은 도성을, 외영은 수원화성을 관할했습니다. 또한 정조는 이들을 위한 《무예도보통지》라는 무예 교본서도 만들었습니다. 이 책엔 사도세자가 만든 18기의 무예가 담긴 《무예신보》에 마상무예 6기를 더해 총 24기의 무예가 담겼습니다. 현재 《무예도보통지》는 북한이 신청해 유네스코 세계 기록유산으로 등재되어 있습니다.

장용외영은 5개 부대로 나뉘어 수원화성과 화성행궁을 지켰습니다. 성곽을 따라 걷다 보면 부대의 표석을 볼 수 있는 이유입니다. 깃발도 부대의 표식에 맞춰 각 방향에 해당하는 오방색, 즉 북쪽은 흑색, 동쪽은 청색, 남쪽은 적색, 서쪽은 백색, 중앙은 황색으로 구분했지요.

깃발 색을 살펴보며 성곽의 동쪽으로 이동하다 보면 동장대에 도착합니다. 이곳의 또 다른 이름은 '연무대鍊武臺'로, 무예를 연마하는 곳이란 뜻을 담고 있습니다. 연무대는 장용영의 군사훈련뿐만 아니라 수원화성을 축성할 당시 '호궤'가 진행된 곳이기도 합니다. 쉽게 말하면 고생한 인부들을 위한 회식 장소였지요.

회식 때마다 정조가 외친 건배사가 있습니다. "불취무귀不取無歸, 취하지 아니하면 집에 갈 수 없다". 술은 곡식으로 빚는 것이기에, 풍년이 들어야만 취할 때까지 마실 수 있었죠. 정조는 불취무귀를 외치며, 풍년이 가득한 좋은 나라를 만들겠다는 다짐을 했던 겁니다. 이렇듯 정성을 쌓고 애정을 보였던 수원은 정조에게 남다른 곳일 수밖에 없었습니다.

정조의 친위부대 장용영의 훈련장, 동장대.

35

이곳은 나의 새로운
고향이다

수원화성을 한참 축성하던 1795년, 정조의 어머니 혜경궁 홍씨가 환갑을 맞이합니다. 정조는 자신이 만든 도시를 보여주고자 어머니를 모시고 수원으로 행차를 하죠. 이때 자신이 머물렀던 행궁에 '화성'이란 이름을 붙여 "화성행궁"이라 불리게 됩니다. 게다가 "수원부"라고 불리던 이곳은 1793년에 이미 '화성유수부'로 승격되었지요. 이에 따라 수원은 개성, 강화, 광주와 함께 조선에서 도성을 방비하는 4대 유수부에 들어가게 됩니다. 지금으로 따지면 특별시 같은 것이지요. 그렇다면 왜 정조는 '화성'이란 이름을 선택했을까요?

> **"현륭원은 화산花山에 있고, 이 수원부는 유천이니, 화산 사람들이 성인을 축하한다는 뜻을 따서 이 성을 이름 지어 화성華城이라 하였다. 그리고 화花와 화華는 음과 뜻이 모두 같다."**
>
> -《화성성역의궤》 2권, 정조 18년 1월 14일

정조는 아버지 사도세자의 무덤을 화산으로 옮기고 '현륭원'이라 이름 붙였습니다. 또한 장자의 화인축성華人祝聖 고사를 인용했는데, 즉 화華의 사람이 왕에게 축복을 기원한 것처럼 정조도 백성의 축복을 받고 그들과 함께 잘 살겠다는 마음을 화성에 담은 것이지요.

정조가 수원에 내려오면 머물던 화성행궁.

　다시 말해 '화성'에는 아버지를 그리워하는 아들의 마음과 백성
이 편안하고 행복한 삶을 살길 바라는 군주의 마음이 담겨 있습니
다. 정조는 종종 신하들에게 훗날 왕위를 물려준 뒤 어머니와 함께
수원으로 와서 아버지 곁에 머물겠다고 말하기도 했습니다. 이곳은
그에게 또 다른 고향이었습니다. 그래서 화성행궁의 정문에 고향을
의미하는 '풍豊'을 담으며 새로운 고향이란 의미로 '신풍루'라는 이
름을 붙였습니다.

1796년 9월, 정조의 모든 애정이 담긴 수원화성이 완성됩니다. 그는 백성이야말로 자신이 왕권을 강화하는 데 정치적으로 의지할 수 있는 세력이라 생각했습니다. 백성들의 행복을 바랐던 그는 이후 이런 말을 남깁니다.

"성이 완성된 지금 제일 먼저 할 것은 '집집마다 넉넉하고 차 있으며 사람마다 화락한다戶戶富實 人人和樂'는 여덟 글자다."

– 《화성성역의궤》 2권, 정조 21년 1월 29일

가이드 S

수원 추천 스폿 **수원화성**	주소	경기도 수원시 팔달구 정조로 825
	찾아가기	수원역에서 시내버스로 약 15분
	운영 시간	수원화성 연중무휴/화성행궁 09:00~18:00
	휴관일	연중무휴
	입장료	수원화성 무료/화성행궁 성인(19세 이상) 2000원
	홈페이지	visitsuwon.or.kr
	인스타그램	swcf_official

정조의
골목 상권 프로젝트

수원 깍쟁이의 시작, 수원남문시장

수원화성의 남문인 팔달문八達門은 수원시 중심에 자리 잡은 팔달산에서 이름을 따왔습니다. '모든 곳으로 통한다'는 사통팔달의 의미처럼 정조는 이곳을 상업이 발전한 신도시로 만들고자 했습니다.

팔달문 바깥으로 시장이 열리자 수원으로 전국의 상인들이 모여들었습니다. 가게를 운영하는 눈치 빠르고 계산이 밝은 이들을 두고 '수원 깍쟁이'라는 표현까지 등장할 정도였죠. 그때 형성된 시장이 지금의 수원남문시장입니다.

9개의 전통 시장은 각각 취급하는 품목이 달라 둘러보는 재미가 있습니다. 전국 3대 순대타운 중 하나인 지동시장과 발 디딜 틈 없는 못골시장에는 족발부터 호떡, 약과까지 먹거리가 즐비합니다. 시장 어귀에서 시끌벅적한 풍경을 보며 흐뭇하게 술을 들이켜는 정조의 모습을 상상해봅니다.

수원으로 모인 조선 팔도 부자들, 팔부자 거리

성 밖 시장으로 상인들을 모았다면, 안으로는 전국의 부자들을 불러들였습니다. 정조는 수원에 도착한 부자들에게 이자 없이 자금을 빌려주고, 인삼과 갓 판매권까지 안겼습니다.

이런 파격적인 혜택이라면 신도시에 갈 만하지 않았을까요? 그렇게 장안문에서부터 행궁 앞 사거리까지 팔부자 거리가 만들어지게 됩니다. 누가 살았는지 정확히 확인하긴 어렵지만, 100~300평 규모의 주택들 주변으로 어물전과 염전, 비단을 파는 입색전까지 다양한 상권이 형성되었던 것으로 전해집니다. 하지만 19세기 들어 서양 문물이 들어오고, 일제 강점기를 겪으면서 팔부자 거리는 역사의 뒤안길로 사라지고 말았지요.

이곳의 시간이 다시 흐르기 시작한 건 1980년대부터입니다. 부잣집들이 있던 곳에 문방구가 생기면서 '팔부자 문구 거리'로 다시 태어났습니다. 1992년에 문을 연 동광과학교재사(동광과학문구)는 지하 1층부터 지상 2층까지 없는 게 없습니다. 동심 가득한 '어른이'가 되고 싶은 어느 날, 이곳으로 떠나보는 건 어떨까요?

서울 × 신당동

잘 가시오, 안녕을 비는 동네

"한국인들은 사회적으로는 유교도이고, 철학적으로는 불교도이며, 고난을 겪을 때는 영혼 숭배자이다."

- 호머 헐버트Homer Hulbert,《대한제국멸망사》(1906)

미국의 선교사로 구한말 조선 땅을 찾은 후 자신이 관찰한 조선의 모습을 여러 저서로 기록한 호머 헐버트. 그의 기록에 따르면 조선인의 종교관에서 말하는 '영혼 숭배'란 한국의 '무巫'에 가깝습니다. 종교의 대표적 기능이 현세의 고통을 이겨내기 위함임을 고려하면 '무'는 조선 민중의 진정한 종교가 아니었을까 하는 생각이 듭니다.

유교 국가였던 조선에서 아무리 뿌리 뽑으려 해도 끝내 떨치지 못한 '무'에는 어떤 힘이 있었던 것일까요? 신당이 많아 "신당동"이라 불리는 동네에서 그 해답을 찾아보겠습니다.

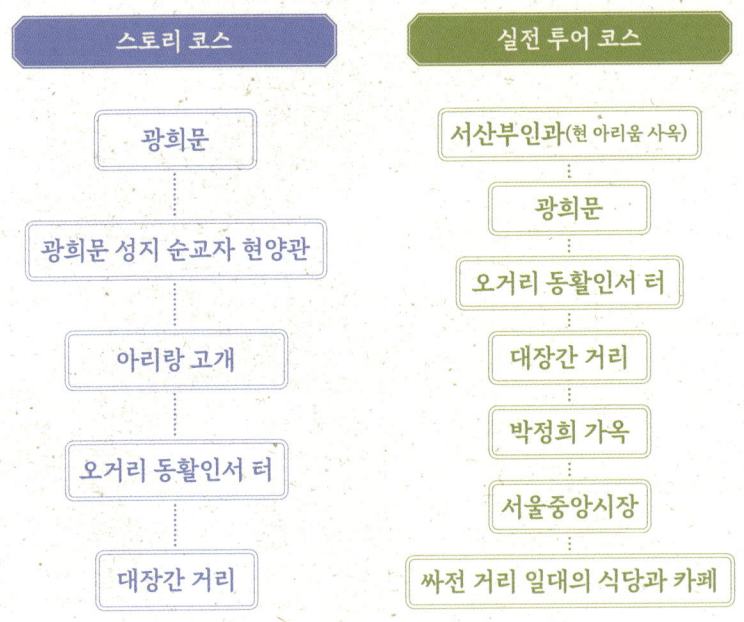

스토리 코스	실전 투어 코스
광희문	서산부인과(현 아리움 사옥)
광희문 성지 순교자 현양관	광희문
아리랑 고개	오거리 동활인서 터
오거리 동활인서 터	대장간 거리
대장간 거리	박정희 가옥
	서울중앙시장
	싸전 거리 일대의 식당과 카페

동대문역

흥인지문
(동대문)

청계천로

동대문 디자인 플라자

동대문역사문화공원역

을지로

대장간 거리

서산부인과 (현 아리움 사옥)

광희문

충남대장간

광희문 성지 순교자 현양관

아리랑 고개

시구문 떡방아간

마장로

싸전 거리
(금성상회)

서울
중앙시장

충무아트센터

신당역

퇴계로

오거리 동활인서 터

퇴계로

박정희 가옥

청구역

0   100m

N

이승과 저승 사이의 관문,
광희문

　동대문역사문화공원역 3번 출구로 나가면 바로 만날 수 있는 광희문光熙門. 동대문과 남대문 사이에 난 이 작은 문은 1396년에 건립되었습니다. 한양 도성이 헐리고 안팎을 나누던 출입구가 상징성을 잃으면서 지금은 섬처럼 남아 어색해 보이지만, 과거에는 출입구 이상의 의미를 가지고 있었습니다.

　조선 시대에는 도성 안은 물론 성 밖 십 리까지도 무덤을 만들 수 없었습니다. 다시 말해 성안에 살던 망자가 황천으로 가려면 일단 성 밖으로 나가서 4km 이상 멀어져야 했습니다. 이때 망자 전용 출구로 지정된 2개의 문이 바로 도성 남쪽의 광희문과 서쪽의 소의문昭義門이었습니다.

한양 도성 동남쪽의 작은 문, 광희문.

〈광희문 안 조선인 마을 전경〉, 일제 강점기 채색사진엽서, 서울역사박물관 소장.

1부·조선으로 떠나는 시간여행

광희문은 저승길의 첫 번째 관문이자 이승과 작별하는 마지막 장소였습니다. 먼 길 떠나는 망자의 평안을 바라는 유가족은 하늘과 인간을 잇는 무녀를 불러 노제路祭를 치르곤 했습니다. 무녀에게 곡소리가 끊일 일 없는 광희문 앞은 언제나 일거리가 있는 장소였던 셈이지요. 그러자 신속하게 손님을 만날 수 있는 '굿세권' 인근에는 나날이 신당이 들어섭니다.

통곡을 먹고 강해진
광희문 이야기

우리가 서 있는 이곳은 성 밖입니다. 산 사람은 안에 살고 죽은 사람은 밖으로 나갔으니 여긴 죽음과 더 가까운 곳이겠네요. 이곳으로 얼마나 많은 죽음이 스쳐 갔던지, 광희문 돌가루만 한 만병통치약이 없다는 미신까지 돌았다고 합니다. 지방에서는 한양에 간다는 사람더러 시구문 돌가루를 긁어오라고 부탁할 정도였지요.

조선 시대에 이 문을 나섰던 이들은 주로 망자와 유족이었을 겁니다. 그 모습을 생각하면 참으로 애통한 마음입니다. 그러나 애통하다는 말로는 다 표현할 수 없는 죽음도 있었습니다. 시신이 산을 이루는 통에 장례는커녕 신원 확인조차 어려운 순간도 있었기 때문입니다.

1592년에 일어난 임진왜란은 생과 사의 관문인 광희문을 파괴할 정도로 끔찍했습니다. 그 끝에 민중의 희생이 따르는 건 당연한 결과였지요. 파괴된 문 앞으로 조선 백성의 시신이 한가득 널려 있었다고 합니다.

조선 후기에는 특히 조선의 통치 이념인 유교에 반하는 천주교를 탄압하는 과정에서 희생당한 가톨릭 신도가 많았습니다. 감옥에서 목숨을 잃거나 처형된 순교자의 시신은 광희문 앞에 버려졌습니다. 광희문을 등지고 앞을 내다보면 붉은 벽돌로 만든 독특한 외관의 건물이 보입니다. 천주교 박해 당시 목숨을 잃은 이들을 기리기 위해 만든 광희문 성지 순교자 현양관입니다. 극심한 종교 탄압에 가족까지 피해를 볼 것이 두려워 아무도 찾지 않았던 순교자들의 시신도 이곳에 모셨습니다.

1886년 콜레라가 창궐했을 때는 아수라장이 따로 없었습니다. 죽은 자와 죽어가는 자가 한곳에 뒹굴고 있었기 때문입니다. 의학 기술과 방역 시설이 갖추어지지 않았던 조선 시대에는 병자를 낫게 하는 것보다 병자를 더 만들지 않는 게 중요했을 테지요. 이는 아직 살아 있는 콜레라 환자를 시신 더미 위에 함께 내다 버리는 비극을 낳았습니다.

광희문 앞 곡소리는 망자에 대한 슬픔에서 망국의 비통함으로 이어집니다. 1907년, 일제가 대한제국의 군대를 해산했을 때 저항하다 전사한 군인들의 시신 역시 광희문 앞에 버려졌기 때문입니다.

천주교 순교자 800여 명을 기리는 광희문 성지 순교자 현양관.

독일의 철학자이자 시인 프리드리히 니체Friedrich Nietzsche는 "나를 죽이지 못하는 고통은 나를 더 강하게 만들 뿐Was mich nicht umbringt, macht mich stärker"이라고 말했습니다. 수백 년간 죽음의 관문으로 살아 있던 광희문이 '만병통치약'이라 불릴 만큼 강력해진 이유입니다. 하지만 제아무리 돌가루를 긁어 먹는다고 한들, 죽고 사는 문제는 인간이 어찌할 수 없는 일이라 통곡은 끊이질 않습니다. 이제 구슬픈 곡소리가 퍼지던 망자의 길을 따라가 보겠습니다.

원도 한도 내려놓고
굽이굽이 넘어가는 길

서울의 '아리랑 고개' 하면 성북구에 있는 고개가 먼저 떠오르지만, 광희문 성지 순교자 현양관 뒤로 이어지는 고개 역시 '아리랑 고개'라고 합니다. 눈이라도 오면 어떻게 다니려나, 걱정이 앞서는 이 가파른 길로 망자가 지나갔기 때문입니다. 광희문에서 노제를 치른 상여는 굽이치는 고개를 지나 왕십리, 금호동 인근의 장지로 이동했습니다.

오늘날은 고갯길 위에 세탁소, 이발소 등의 점포들이 서 있는데, 한국전쟁 이후에는 이곳에 시구문 시장이 형성되었다고 합니다. 시구문屍口門은 광희문의 별칭으로, 시체가 나가는 문을 의미합니다. 지금은 시장의 흔적을 찾아보기 어렵지만, 아직 남은 '시구문 떡방아간'의 간판에서 어렴풋하게나마 퍼즐 조각을 맞춰볼 수 있습니다.

골목을 걷다 보면 수백 년 전의 역사는 사라졌지만 1990년대의 어딘가로 시간여행을 온 듯한 느낌이 듭니다. 곳곳에 들어선 점집 중에는 애기보살이 점사를 본다는 집도 있습니다. 애기보살이 되려면 무당이 자신의 몸에 애기신神을 받아야 하고, 애기신을 포함한 신내림을 받은 무당을 강신무降神巫라고 부릅니다.

무교에는 수도 없이 많은 신이 존재하는데, 크게 세 유형으로 나뉩니다. 각각 별·달·해 등 하늘을 주관하는 천신天神, 산·물·땅과 같

신당神堂이 많다 하여 이름 붙은 동네, 신당동.

은 자연물에 해당하는 지신地神, 그리고 조상·장군 등에 해당하는 인신人神이 그것입니다.

> "한국인들이 신봉하는 여러 가지 서로 다른 의식은 상충하지만, 그들 내부적인 면에서는 아무런 적의를 느끼지 않고 오히려 몇 세기에 걸쳐 서로 익숙해지는 동안에 하나의 종교적인 혼성물을 이루었으며, 한국인들은 이러한 혼성물 중 자기가 좋아하는 요소를 취하면서도 그 나머지에 대해서는 아무런 멸시의 감정을 나타내지 않는다."
>
> – 호머 헐버트, 《대한제국멸망사》(1906)

무교에서는 무엇이든 신이 될 수 있기 때문에 다른 종교를 배척하지 않는 편입니다. 그래서 전해지는 농담도 있습니다. 기독교인이 무당을 전도하려고 성경 말씀을 들려주었더니, 무당이 수긍하며 예수님 신당을 차렸다는 이야기입니다.

무교의 또 다른 특징은 인신 중 가장 영향력 있는 존재를 통해 유추해볼 수 있습니다. 무巫의 세계에서 '인플루언서'가 되기 위해서는 '힘'과 '한'이 필요합니다. 이런 이유로 강력한 인신으로 추앙받는 신 중에는 억울한 죽음을 맞이한 최영 장군과 임경업 장군 같은 인물도 있습니다. 고려를 지키려 70세가 넘은 나이에 전장으로 나갔으나 이성계의 쿠데타로 죽음을 맞이한 최영 장군, 명나라로부터 조선을 지키려 했으나 당파싸움에 휘말려 희생된 임경업 장군의 말로는 국사책에서 둘째가라면 서러운 한이긴 합니다.

권력이나 힘이 셀수록 영향력도 커지는 건 쉽게 이해되지만, 한은 왜 필요할까요? 이는 무당의 역할과 관련이 깊습니다. 하늘과 땅을 잇는 무당은 산 사람의 현실을 개선해주기도 하고 죽은 사람의 원한을 풀어 좋은 곳으로 보내주는 역할도 했습니다.

굿을 통해 망자의 한을 풀어주고 저승으로 편히 갈 수 있게 하는 행위를 해원解寃이라고 합니다. 죽음이란 언제 닥쳐도 억울한 일입니다. 아직 삶에 미련이 남은 망자에게 살아생전 부귀와 권세, 힘까지 가졌던 신이 당신의 억울함을 다 안다며, 이제 그만 저승으로 가자고 달래면 고분고분 따라가고 싶은 마음이 들까요? 해원은 세탁과 비슷합니다. 잔뜩 낀 기름때를 빼기 위해 필요한 건 1급수의 맑은 물이 아닌 기름입니다. 기름은 기름으로 빼고, 한은 한으로 닦아야 하기에 신령은 한을 가져야 합니다.

앞서 여러 죽음을 목도한 끝에 강력해진 광희문 돌가루도 비슷한 맥락이라 할 수 있을 텐데요, 망자를 위로할 수 있는 한과 원혼의 분노를 압도할 힘을 가진 인신일수록 그 영향력이 커집니다.

사람을 살리는 자, 동활인서의 무녀들

골목길을 지나면 오거리가 나옵니다. '오거리마트'라는 슈퍼마켓 자리에는 원래 동활인서東活人署가 있었습니다. 활인서는 조선 시대에 가장 낮은 이들을 위한 최소한의 의료 시설이었습니다. 동활인서는 한양 도성 동쪽과 서쪽에 설치했던 활인서 중 동쪽 활인서라는 의미입니다.

활인서라는 명칭에는 '사람을 살리는 곳'이라는 뜻이 담겨 있습니다. 그러나 의료 시설이 성 밖에 있는 데서 알 수 있듯 이곳은 병자를 살리는 곳이자, 병자를 격리하는 시설이기도 했습니다. 의학이 발달하지 않은 전통 사회에서 전염병이 유행할 때, 이 병을 낫게 할 뾰족한 방법이 없다면 바이러스 전파를 막는 것이 급선무였을 테니까요.

실제로 활인서는 병에 걸리지 않은 나머지 사람들을 위해 전염병자를 격리하는 것은 물론 시신을 매장하는 일까지 담당했습니다.

활인서 직원 중에는 "무의巫醫"라 불리는 무녀들도 있었습니다. 무녀가 왜 병원에 있었을까요? 이는 당시 과학으로는 설명할 수 없었던 질병에 대한 공포와 관련이 있습니다. 조선 왕조 내내 가장 많은 사상자를 낸 전염병은 단연 천연두일 것입니다. 죽는 사람도 많고 목숨을 건지더라도 보기 흉한 마맛자국을 남기는 탓에 악명이 높았지요. 분명 떠올리기도 싫은 병이었을 텐데, 선조들은 천연두를 두고 "마마신", "손님마마"라며 높여 불렀습니다.

미지의 질병은 두려운 만큼 신격화됩니다. 천연두 신의 심기를 거스르면 병이 찾아온다고 믿었던 거죠. 불청객인 천연두 신의 비위를 맞추는 과정에 손님마마라는 존칭까지 등장하게 된 것입니다. 이렇듯 과거에는 원인을 알 수 없는 현상을 납득하는 데 천지 만물에 신이 있다고 믿는 무교만 한 게 없었을 겁니다. 여기에 신과 인간을 잇는 무녀는 절대 빼놓을 수 없는 존재였던 것이지요.

이 외에도 유교 국가 조선이 무교에 얼마나 많은 빚을 졌는지를 어렵지 않게 찾아볼 수 있습니다. 당장 《조선왕조실록》만 보더라도, 가뭄에 무녀를 불러 기우제를 지내고 마침내 비가 내리자 무녀들에게 큰 상을 내렸다는 기록들이 심심찮게 보입니다.

조선이 무녀 덕을 본 것은 신령의 힘뿐만 아니라 눈에 훤히 보이는 금전의 힘도 있었습니다. 한양의 활인서들은 무녀가 납부하는 무세稅稅로 운영자금을 충당했습니다. 무세란 말 그대로 '무당이 내는 세금'을 뜻합니다. 다시 말해 당시 무당은 납세의 의무가 있는 어엿한 직업인이었습니다.

조선 조정은 무당 개개인의 인적 정보를 기록한 무적巫籍을 만들어 이들을 관리했습니다. 유교 사회에서 무교의 힘이 세지는 것을 견제하고자 도성 밖 활인서에 무녀를 배치하고 이들에게 세금을 거뒀고요. 나중에는 정부 예산안에 무세가 포함되어 있어, 세금을 확보할 만큼 무녀의 수를 유지하지 않으면 안 될 지경에 이르렀습니다. 무교를 탄압하기 위해 펼친 정책으로 인해 도리어 무교를 확실

어엿한 직업인 '무의'가 일하던 동활인서 자리.

하게 인정한 꼴입니다.

단골이 끊이지 않는
대추나무집

동활인서 터 맞은편에는 커다란 대추나무가 있습니다. 대추는 예부터 건강을 위한 약재, 귀신을 쫓는 벽사辟邪로 유명했으니, 무녀가 사람을 살리는 활인서와 참 잘 어울립니다.

동활인서 터 지척인 대추나무 포차 골목.

대추나무 옆에는 동네 사람들의 사랑방 역할을 하는 '대추나무 포차'가 있습니다. 2호점이 생길 만큼 인기가 많은 주점이라 단골도 많습니다. 그리고 보니 일상에서 자주 쓰는 '단골'이라는 표현도 무교에서 비롯되었네요.

최근 눈에 띄는 무당은 대다수가 신내림을 받은 강신무降神巫지만, 과거에는 대대로 무당인 집안의 세습무世襲巫도 많았다고 합니다. 하지만 이들은 신내림을 받지 않았기 때문에 강신무와는 하는 일이 달랐습니다.

세습무는 자신이 속한 고을의 평안과 풍요를 비는 사제이자 굿을 책임지는 일종의 행사 전문가였는데요. 고을의 사당, 신당 등을 관리한다는 의미로 고을(골)과 당이 더해진 "당골", "당골네", "단골" 등으로 불렸습니다. 지역 사회에 굿이 필요할 때면 사람들은 지역 행사 전문가인 단골집을 찾아갔겠죠? 때마다 세습무를 찾아오는 사람들로부터 '단골손님'이라는 표현이 파생되었습니다. 어원 자체는 세습무와 관련이 깊지만, 강신무 역시 단골이라는 표현을 씁니다.

죽은 쇠 모아다가
산 쇠 만드는 대장간 거리

신의 선택을 받은 새내기 무당이 가장 먼저 해야 할 일은 뭘까요?

모든 시작에는 아이템이 필요하겠지요. 무당에게 필요한 무구巫具를 갖추어야 합니다.

우리가 걷고 있는 휑뎅그렁한 길 위에는 과거 100여 개가 넘는 대장간이 있었습니다. 지금은 "대장간 거리"라고 불리는 곳이죠. 대장장이가 만드는 것 중에는 당연히 무구도 있었습니다. 만드는 건 대장장이가 한다지만 재료가 되는 쇠는 어디서 구했을까요?

이때 필요한 절차를 걸립乞粒이라고 합니다. 무교에서 '걸립'이란 내림굿을 하기 전에 예비 무당이 마을을 돌면서 쇠를 모아오는 행위를 뜻하지요. "불리러 왔고 외기로 왔다, 죽은 쇠 모아다가 산 쇠를 만들려고 불릴 쇠를 걸립 왔다"고 말하며 이웃의 쇠를 받습니다.

100여 개가 넘었던 대장간의 흔적, 대장간 거리.

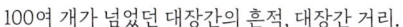

이때 거둬들인 놋쇠 숟가락, 주발, 대접 등이 대장장이의 손을 거쳐 무당의 무구로 다시 태어나는 겁니다.

내가 먹던 숟가락, 내가 쓰던 밥그릇으로 만든 방울을 흔들며 신과 연결된 무당이라면 친밀감이 생기고 어려운 일이 닥쳤을 때 먼저 떠오르지 않을까요? 실제로 무교의 걸립 행위는 강신무가 쇠를 거두며 자신의 존재를 알리고 단골을 확보하기 위한 절차였습니다.

무당의 '필수템'인 무구에는 무엇이 있었을까요? 대표적인 3가지가 대신칼과 명도, 방울입니다. '대신칼'은 말 그대로 칼이지만 실제 사용하는 것이 아니므로 무디고, '명도'는 신령의 얼굴을 상징하는 거울로 사람의 얼굴 정도 되는 크기에 한쪽 면만 윤이 납니다. 마지막으로 귀신을 부르는 '방울'을 갖춰야 기본적인 무구를 지녔다고 할 수 있겠습니다.

지금은 한적하기만 한 대장간 거리에서 100여 년 전 울리던 쇠두드리는 소리를 상상해봅니다. 그들은 다 어디로 갔을까요. 무녀들이 이곳을 떠나면서 자취를 감춘 걸까요? 그것도 맞지만 다른 이유를 하나 더 들고 싶습니다.

대장간 거리는 동대문디자인플라자와 도보 10분 거리에 있습니다. 동대문디자인플라자 자리에는 조선 시대 훈련도감의 분영인 하도감이 있었는데, 하도감에서 주로 하는 일은 군사 훈련과 무기 제작이었습니다.

하도감의 관리들은 지척의 대장장이들에게 무기를 의뢰했습니다. 다시 말해 무당과 더불어 대장간 거리를 바쁘게 만든 단골손님이었던 것이죠. 나라를 지키기 위해 싸우는 군인, 그들의 무기는 지킬 나라가 존재할 때만 의미가 있습니다. 1907년, 피로 싸운 군인들의 시신이 광희문 앞에 쌓이고 끝내 대한제국의 군대가 강제 해산되면서 대장간 거리는 단골의 절반 이상을 잃었습니다. 그리고 그 뒤로 이어진 무교 탄압과 도시화로 천덕꾸러기가 된 철제 농기구의 처지는 그나마 들려오던 경쾌한 소리마저 멎게 했습니다.

민중의 안녕을 빌던 사람들

유교 사회였던 조선의 무교 탄압, 일제 강점기와 박정희 정권 때 거듭된 미신 타파 운동으로 무교는 으스스하거나 꺼림칙한 것이 되었습니다. 그러나 조선 민중을 지켜본 헐버트가 말했듯, 조선 시대는 물론 지금도 우리는 어려움 속에서 무巫를 찾습니다. 꼭 점을 치거나 굿을 하지 않더라도 무는 어디에나 있습니다. 나쁜 일이 생겼을 때는 액땜했다고 생각하며 긍정을 찾고, 궂은날 결혼하거나 이사를 하면 잘 산다고 생각하는 것처럼 말입니다.

무교가 오랜 시간 살아남은 까닭은 어떤 순간에도 삶은 계속되어야 하기 때문일 겁니다. 어려움이 닥쳐도, 사랑하는 사람이 세상을 떠

나도, 갑작스럽게 병에 걸려도, 살아 있는 한 우리는 살아야 합니다.

몸이든 마음이든 아픈 사람을 살린다는 점에서 의술과 무교는 맞닿아 있습니다. 무교의 종교적 의의를 차치하더라도 살고자 하는 이의 정신건강에 기댈 구석이 되어주었다는 사실은 간과할 수 없습니다. 이곳 신당동에는 산 사람은 잘 살라고, 간 사람은 잘 가라고 문턱에서 빌어주는 사람들이 있었습니다.

가이드 J

신당동 추천 스폿 광희문 성지 순교자 현양관	주소	서울시 중구 퇴계로 350
	찾아가기	동대문역사공원역 3번 출구에서 도보 약 5분
	운영 시간	09:30~17:30
	휴관일	월요일
	입장료	무료

일제 강점기와 현대로, 서울중앙시장과 박정희 가옥

살맛 나는 서울중앙시장과 보리밥

신당동은 물건이 드나들기 좋은 위치에 있습니다. 걸어서 20분 거리의 뚝섬 나루에서 물길로 다른 지역과 물건을 주고받았고, 뚝섬의 내륙인 왕십리에서는 신선한 채소 재배는 물론 땔감과 목재를 손쉽게 구했습니다.

팔 것을 손에 쥔 상인들은 신당동 인근에서 장사를 시작했는데, 조선 총독부가 우리나라 시장을 통제하고 관리하기 위해 〈시장 규칙〉을 발포하면서 1941년 신당동 공설시장이 조성됩니다. 공설시장은 1946년 성동시장으로 이름을 바꾸는데, 이 성동시장이 오늘날까지 큰 규모를 자랑하는 서울중앙시장의 전신입니다.

수많은 점포에는 단연 시장 나들이를 즐겁게 하는 먹거리가 많습니다. 그중 중앙시장 하면 빼놓을 수 없는 게 바로 보리밥입니다.

1950년대 중앙시장은 양곡 가격의 척도가 될 만큼 영향력이 컸는데, 보리밥은 이때부터 팔던 것이라 하니 보리밥 한 그릇에 중앙시장의 전성기가 담겨 있는 셈입니다.

신당동에 불어닥친 재개발의 바람, 문화주택

일제 강점기, 일본은 한양 도성을 철거하고 신당동 곳곳에 공동묘지와 화장터 등을 조성했습니다. 이렇듯 꺼리는 시설이 많은 탓에 지대地代가 낮게 형성되자 일본인들은 이를 기회 삼아 신당동에 문화주택촌을 구축합니다. '문화주택'이란 양옥과 일본 가옥의 장점을 절충해서 만든 가옥으로 선호하는 사람이 많았지요. 그러나 대대적인 재개발로 인해 신당동에 토막집을 짓고 살던 조선의 하층민들은 거리로 내몰리는 신세가 되었습니다.

시간이 흐르면서 그 시절 유행한 문화주택도 오래전에 아파트에 밀려나, 현재까지 남아 있는 문화주택은 딱 한 채입니다. '박정희 대통령 가옥'이라 이름 붙은 이 집은 그가 5·16 군사 정변을 도모한 역사의 현장으로 국가등록문화유산으로 지정되었습니다. 미신 타파 운동을 전개했던 대통령의 가옥이 신당이 많아 신당동이라 불리는 동네에 유일하게 남아 있다는 점은 한 치 앞을 알 수 없는 인간사의 아이러니입니다.

여정 03

조선의 혁신 도시, 성리학 싱크 탱크

안동 × 도산서원

여러분은 '유교'나 '성리학'이라는 말을 들으면 어떤 장면이 떠오르나요. 혹시 근엄한 훈장님과 사서삼경四書三經을 낭독하는 유생들의 모습이 그려지진 않나요. 성리학의 기본 경전인 《논어》, 《맹자》, 《대학》, 《중용》을 펼쳐놓고 꾸벅꾸벅 조는 이도 그 자리에 있을 것만 같고요. 그렇다면 이제 시선을 조선 중기로 돌려보겠습니다.

그 시절 성리학은 고문서 속에 잠든 낡은 활자가 아니었습니다. 서책의 먹물이 마르기도 전에 새로운 이야기를 낳는 화제의 중심이었죠. 조선 왕조 500년 세월의 두께만큼 활자 위에 올라앉은 먼지를 털어내 봅니다. "정신문화의 수도"라 불리는 안동, 그곳을 대표하는 도산서원은 인간의 본성과 우주의 이치에 대해 치열하게 고민하던 선비들을 여전히 기억하고 있을 겁니다.

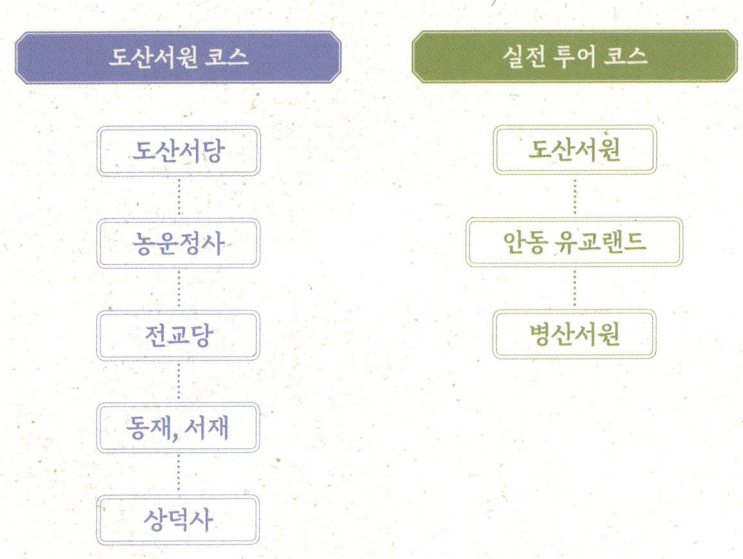

도산서원 코스	실전 투어 코스
도산서당	도산서원
농운정사	안동 유교랜드
전교당	병산서원
동재, 서재	
상덕사	

상덕사

전사청

삼문

상고직사

전교당

장판각

서재

동재

서광명실

진도문

동광명실

옥진각

하고직사

도산서당

농운정사

역락서재

정문

열정

시사단

0   10 m

N

'혁신 도시' 안동을 이끈 교장 선생님, 퇴계 이황

산세를 따라 굽이치며 흐르는 낙동강을 앞에 두고 신록에 깊숙이 묻힌 도산서원으로 걸음을 옮깁니다. 시간을 걸어 과거에 도착하니, 이곳에 터를 잡은 이황이 흡족한 표정으로 맞이하는 듯합니다.

"비바람 속에 계당은 침상조차 가려주지 못하여
거처를 옮기려 빼어난 곳을 찾아 숲과 언덕을 두루 헤매었네
어찌 알았으랴 백 년 동안 학문을 닦을 땅이
다만 평소에 나무하고 낚시하던 그 곁에 있을 줄을"

–이황, 〈서당을 고쳐 지을 땅을 도산 남쪽에서 얻다改卜書堂得地於陶山南洞〉, 《도산잡영》(1556)

도산서원 전경. ⓒ한국관광공사 포토코리아-디엔에이스튜디오

성리학의 대가 이황이 고향 안동에 처음 세운 학교는 계산서당이었습니다. 하지만 비바람이 들이치는 열악한 환경 탓에 3년 만에 새로운 부지를 찾아야 했습니다. 좋은 자리를 고민하던 그가 마침내 찾아낸 곳, "백 년 동안 학문을 닦을 땅"이 바로 도산서원이 자리한 곳이었습니다. 그렇게 1560년, 도산서원은 서당의 모습으로 문을 엽니다.

그렇다면 한양에서 승승장구하던 이황은 왜 낙향해서 안동 산골짜기에 서당을 지은 것일까요? 이황이 생을 보낸 16세기 조선 사회는 "권력 앞엔 장사 없다"라는 옛말을 닮았습니다. 조선은 뿌리째 썩은 고려를 딛고 선비들이 뜻을 모아 세운 새 나라였습니다. 하지만 시간이 흐르며 초심을 잃으니 판이 다시 고려 때와 비슷하게 돌아갔지요. 기득권인 훈구파와 신진 유학자인 사림파의 충돌로 사회는 혼란했고, 그 과정에서 사림파가 숙청당하는 몇 차례의 사화士禍가 일어납니다. 1545년, 을사사화가 일어나면서 이황은 병을 핑계로 관직을 내려놓습니다. 그가 34세의 나이로 문과에 급제한 지 11년 만의 일이었죠.

이황이 스스로 지은 호 퇴계退溪는 '벼슬에서 물러나 학문을 닦는다'는 의미를 담고 있습니다. 연이은 사화를 겪으며 이황은 현실 정치에서 한 발자국 물러나기로 결심했지요. 1545년부터 1560년까지, 관직에 올랐다가 금세 사직하거나 새로 왕위에 오른 명종의 청을 거절한 일이 20여 차례나 되었다고 합니다.

훈구파는 유교 경전을 정치적 언어로 해석해 조선이라는 새로운 판을 짠 이들입니다. 그러나 핵심 권력을 잡은 뒤로 성리학은 이들의 권력 유지를 위한 도구로 변질되기 일쑤였지요. 이에 반기를 든 이들이 이황으로 대표되는 사림입니다. 사림은 부패한 훈구파의 낡은 코드를 혁신하고자 했던 선비 집단으로, 경전의 문장을 사회에 반영하고자 치열하게 고민하는 한편, 개개인의 정신 수양 역시 중요하게 생각했습니다. 그렇게 안동으로 돌아온 이황은 심지 굳은 선비를 키워내는 일에 걸음을 내딛습니다.

도산서원의 입구로 난 길을 걷다 보면 "추로지향鄒魯之鄉"이라 적힌 비석이 눈에 들어옵니다. 공자의 고향인 '추나라'와 맹자의 고향인 '노나라'처럼 '학문이 왕성한 곳'이라는 의미를 담았는데, 1980년 공자의 77대 종손이 이곳을 방문했을 때 남긴 글입니다.

이황은 알고 있을까요. 공자의 후손이 찾아올 만큼 그가 터를 잡은 안동이 '조선 성리학의 고향'이 되었다는 사실을 말입니다. 문득 궁금해집니다. 조선을 이끈 학문이 '공자의 말씀, 맹자의 말씀'에 온 정신을 쏟아붓는 성리학이었다면, 그에 심취한 학자도 많았을 테지요. 그런데도 한반도의 수많은 선비 가운데 이황이 성리학의 스승이 된 까닭은 무엇일까요.

공자의 종손이 남긴 휘호, 추로지향.

1부 · 조선으로 떠나는 시간여행

도산서원이 도산서당일 적, 이곳을 찾아 기대승의 서신을 건넸을 선비는 자신의 손에 쥔 서신 속에 그 답이 있다고 말할 것만 같습니다. 어떤 편지냐고요? 무려 8년 동안 이어진 심오한 러브레터랍니다.

이 편지는
32세 신입생의 패기로 시작되어…

편지의 발단은 이황이 도산서당을 짓기 7년 전인 1553년으로 거슬러 갑니다. 그의 학식을 존경했던 선비들은 수시로 그를 찾아와 가르침을 청했습니다. 그들 가운데는 정지운이라는 선비도 있었는데, 이황은 정지운이 1537년에 쓴 책《천명도설》의 일부 내용을 직접 수정해줍니다. 대학자 이황이 교정해준 책이라니, 그것만으로도 선비들의 관심을 끌기에 충분했습니다.

시간이 흘러 어느덧 1558년이 되었습니다. 장안의 화제였던《천명도설》을 주의 깊게 본 이들 중엔 이제 막 과거에 합격한 32세의 사회 초년생, 고봉高峯 기대승이 있었습니다. 기대승의 눈에 "사단은 이가 발한 것이며 칠정은 기가 발한 것이다四端理之發 七情氣之發"라는 이황이 첨삭한 문장이 들어옵니다. 이황은 인간의 마음을 '사단'과 '칠정'으로 구분했습니다. 사단은 인간의 본성에서 비롯되는 선한 감정으로 이理가 발한 것이고, 칠정은 현실 속에서 악으로 향할 수 있는 감정으로 기氣가 발하는 것이라 설명했지요. 하지만 아무리 읽어봐도 젊은 유생의 눈엔 이황의 견해가 쉽게 납득되지 않습니다.

사회 초년생의 패기란 이런 것일까요? 기대승은 참지 않고 당시 서울대 총장 격인 성균관 대사성 이황을 찾아갑니다. 젊은 유생의 반박을 들은 이황은 당돌한 신출내기에게 보낼 편지를 쓰기 시작합니다.

> "그대의 논박을 듣고 더욱 잘못되었음을 알았습니다. 그래서 이것을 '사단이 발하는 것은 순리이기 때문에 언제나 선하고 칠정이 발하는 것은 겸기兼氣이기 때문에 선악이 있다'라고 고쳤는데 이렇게 하면 괜찮을지 모르겠습니다."
>
> —이황의 편지(1559. 1. 5), 〈사칠이기왕복서〉, 《고봉집》

'사단과 칠정을 이와 기로 어떻게 해석할 것인가', 그 유명한 철학적 논쟁 '사단칠정논쟁四端七情論爭'의 시작이었죠. 이황의 편지를 받은 기대승의 반응은 어땠을까요?

> "사단과 칠정은 모두 정情인데 사단은 이로 칠정은 기로 분리한다는 것은 맞지 않습니다."
>
> —기대승의 편지(1559. 8. 14), 〈사칠이기왕복서〉, 《고봉집》

쉽게 말해, 이황이 사단과 칠정으로 구분한 개념을 기대승은 구별할 수 없는 하나의 것으로 보아야 한다고 주장한 것입니다. 총장님이 한발 물러나는 편지를 보냈음에도 기대승은 본인의 의견을 고수합니다. 무려 8년이나 말입니다. 스물여섯 살이라는 나이 차이를 딛고 8년간 두 사람이 주고받은 편지만 해도 110여 통입니다.

이황이 대사성직을 내려놓고 안동으로 낙향했을 때도 기대승과의 편지는 끊이지 않았습니다. 다음 편지를 기다리는 건 두 사람만이 아니었습니다. 기대승과 이황에 의해 '업데이트된' 인간 본성에 대한 고찰은 선비들에게도 초유의 관심사였습니다. 그들이 주고받는 편지는 엄청난 팔로워들이 알림 설정을 눌러가며 기다리는 영향력 있는 채널과도 같았습니다.

그렇다면 이 논쟁의 결말은 어떻게 마무리되었을까요? 두 사람의 지적인 사단칠정 줄다리기는 누구 한 명이 압승을 거두며 끝나지 않습니다. 기대승이 "사단과 칠정은 각각 이와 기로 나누어볼 수도 있다"며 이황의 주장을 일정 부분 받아들이며 일단락되었으니까요. 8년간 두 수취인 사이를 부단히 오간 편지는 그 시절을 살았던 선비들에게 깊은 영향을 미칩니다. 그 결과 성리학의 고향인 중국보다 인간의 감정과 본성에 깊이 파고든 조선만의 성리학 세계를 열 수 있게 되었죠.

다정한 선생님의 섬세한 디테일, 도산서당

기대승에게 보낼 이황의 서신을 들고 길을 나섰을 선비를 상상하며 도산서당으로 들어섭니다. 서당 앞에 서 있는 싸리문이 눈에 들어옵니다. 안팎을 나누는 문의 기능을 제대로 하지 못하는 작은 문이지만, 유정문幽貞門이라는 멋진 이름을 가졌습니다. '깊고 굳건하다'는 의미를 담아 이황이 직접 이름을 붙인 정문입니다.

1560년대, 소위 서울대 총장까지 지낸 대학자의 교육을 받기 위해 서당을 찾은 선비가 되었다고 생각해봅시다. 우뚝 솟은 으리으리한 대문이 서 있다면 쉽게 들어설 수 있을까요? 설렘과 긴장 속에서 도산서당을 찾은 유생에게 아담한 유정문은 큰 응원이 되었을 겁니다.

유정문을 지나 내부로 들어서면 세 칸짜리 아담한 서당이 모습을 드러냅니다. 작지만 그 안에는 필요한 것이 모두 갖추어져 있지요. 부엌과 스승의 침실, 학생들의 교육 공간, 심지어 위트까지. 이황은 설계에 직접 관여할 만큼 도산서당을 짓는 데 정성을 쏟았습니다. 대사성으로 재직할 땐 편지를 통해 설계 지시를 내리기까지 했지요.

재밌는 건 공들여 지은 건물인 것 치고 균형미나 완성도가 느껴지진 않는다는 점입니다. 일단 세 칸의 크기가 균일하지 않습니다. 한눈에 봐도 맨 오른쪽에 자리한 대청마루 암서헌이 특히 넓습니다. 그러고 보니 암서헌의 지붕도, 바닥의 평상도 비대칭적으로 늘린 흔적이

퇴계 이황이 직접 설계에 참여한 배움터, 도산서당.

이황이 기거했던 완락재.

뚜렷합니다. 마루 공간이 교실이었음을 미루어보면, 이황을 스승으로 모시고자 찾아온 유생이 많아져 증축한 흔적임을 알 수 있습니다.

도산서당道山書堂의 현판으로 시선을 돌려봅니다. '산' 자리에는 한자 대신 산봉우리 3개를 그려놓았습니다. 서書를 이루는 입 구口 안에는 새 그림이 있는데, 제자들이 위대한 학자가 되어 세상으로 나가길 바라는 마음에서 그려 넣었다고 합니다. 서당을 증축했다는 것은 날려보낼 새가 그만큼 많아졌다는 뜻일 테니 큰 스승이 기쁘지 않았을 리 없습니다.

사회 초년생 기대승과 나눈 8년간의 편지, 제 기능을 못하는 정문, 어설프게 증축한 교실, 격식 없는 현판. 도산서당을 찬찬히 둘러보며 겸손하고 유연한 태도를 지녔을 이황을 상상해봅니다. 이러한 큰 스승의 태도는 잠시 마루에 앉아 토론 좀 한다고 배울 수 있는 것은 아닐 겁니다. 실제로 서원에서 공부하는 선비들에겐 하교가 없었습니다. 밤낮으로 공부에 정진했을 선비들의 기숙사, 농운정사로 가볼까요?

'선비로운' 일상 공간, 농운정사

이곳에서 성리학과 가장 대조적인 공부가 무엇일지 생각해봅니다. 떠오르는 건 수학능력시험입니다. 12년간의 교육 과정을 하루 만에 평가하고, 그 결과에 따라 대학의 문이 달라지는 시험이지요. 농운정사에 머무는 선비들 중에도 벼슬길로 나아가고자 하는 이는 과거 시험을 치러야 했습니다. 하지만 성리학의 가르침 속에서 이들의 궁극적인 목표는 이치에 맞게 사는 사람이 되는 것이었습니다. 관직에 나아간다는 것은 조선 사회가 이치에 맞게 흘러갈 수 있도록 일한다는 의미였을 것입니다.

한편 이곳에는 그저 치열하게 수양하며 진리를 탐구하는 행위가 목적인 선비들도 있었습니다. 그들의 스승 역시 유생들이 기숙사에서도 학문에 정진하길 바랐던 듯합니다. 농운정사를 위에서 내려다보면 장인 공ㄱ자 모양인데, 이는 이황이 제자들이 열심히 공부ㄷㅊ하기를 바라는 마음으로 설계한 것이라고 합니다. 한편으론 주술적이지 않은가도 싶지만, 일상 속에서도 수양을 멈추지 않길 바라는 스승의 진심이 엿보이는 대목입니다.

농운정사의 양쪽 끝엔 마루가 있습니다. 동쪽 마루는 "시습재", 서쪽 마루는 "관란헌"이라 불립니다. 선비들은 이곳에서 사색을 하거나 때론 휴식을 취하며 시간을 보냈을 것입니다. 그런데 조선과 같이 위계질서가 분명한 사회에서 선배와 후배가 과연 같은 곳을 공유했을까요?

조선에서는 해가 뜨는 동쪽을 해가 지는 서쪽보다 높은 격으로 생각했습니다. 이러한 이유로 동쪽 마루인 시습재에 가까울수록 연

麗澤精舍

이황의 염원을 담아 장인 공工자 모양으로 지은 농운정사.

차 높은 선배들이 생활했다고 합니다. 정면에서 농운정사를 바라보면, 시습재와 관란헌의 창문 크기가 제각각인 것이 눈에 띕니다. 크고 작은 창들이 어우러진 독특한 모습처럼, 각기 개성이 다른 유생들이 한데 모여 학문을 배우고 익혔을 모습이 눈앞을 스쳐갑니다.

스승이 떠나고 가르침은 남아 서원이 되다

1560년에 세운 도산서당은 10년간 운영되었습니다. 큰 스승의 가르침을 받고자 하는 마음은 왕도 크게 다르지 않나 봅니다. 선조가 18세가 될 무렵, 이황은 다시 한번 관직의 부름을 받고 한양으로 갑니다.

> **"성리학의 요체를 도식으로 그려 쉽게 보이도록 하였으니, 전하께서 항상 곁에 두고 익히시길 바랍니다."**
>
> −이황, 《성학십도》(1568)

족집게 과외가 이런 것일까요? 이황은 어린 왕에게 평생 익힌 성리학의 주요 내용을 10개의 그림으로 정리한 책을 지어 건넵니다. 그 후 병약해진 몸을 이유로 안동으로 돌아왔고, 이듬해인 1570년

11월 선비들의 안식처인 도산서당에서 숨을 거둡니다.

스승은 떠났으나 그 정신을 널리 기리고 싶었던 제자들은 '서원'을 짓기로 의기투합합니다. 그렇다면 '도산서당'이 '도산서원'이 되기 위해선 어떤 것이 더 필요했을까요. 서원은 조선 시대 사립학교로 사당 공간이 있는 것이 특징입니다. 즉, 교육을 담당하는 서당에 더해 명망 높은 유학자에게 제사를 지내는 사당이 마련되어야 했죠. 제자들은 서당을 품고 선 서원을 짓기로 결심합니다.

이황이 만든 서당을 지나 제자들이 만든 서원의 영역으로 넘어가보겠습니다. 진도문으로 들어서면 정면으로 '도산서원의 교실', 즉 전교당이 보입니다. 전교당 양옆으로 놓인 공간은 도산서당의 농운정사에 해당하는 기숙사 건물입니다. 방위에 맞춰 동재와 서재로 불리었습니다. 동쪽에서는 선배들이, 서쪽에서는 후배들이 생활했을 모습을 떠올리며 중앙 전교당 앞에 섭니다.

화려한 필치로 적힌 '도산서원陶山書院' 편액이 시선을 끄는데, 이황의 가르침을 받았던 어린 왕 선조가 1575년, 청년이 되어 직접 내린 현판입니다. 왕이 친히 서원의 이름이 적힌 현판을 내린다는 것은, 국가가 공식적으로 지원하는 사액서원이 된다는 의미였습니다. 더군다나 현판의 글씨를 쓴 이는 그 유명한 한석봉이었습니다.

이렇듯 든든한 뒷배를 지닌 도산서원의 교육 공간이건만 전교당은 어쩐지 외관이 어색합니다. 보통 전각은 현판을 거는 공간이 중심을 잡고 양쪽 대칭을 맞춰 홀수 칸으로 짓는데, 전교당은 네 칸짜

네 칸짜리 전교당과 현판에 담긴 한석봉의 필치.
ⓒ한국관광공사 포토코리아-한국관광공사 김지호

리 건축물이기 때문입니다. 국가의 인정까지 받은 서원의 모습이 왜 이런 걸까요? 그 해답은 전교당 오른편 뒤에 선 건물, 상덕사에 있습니다.

상덕사는 이황의 신주를 모신 사당입니다. 수업을 하려면 학생만 있어선 안 될 일입니다. 가르칠 스승이 있어야겠지요. 그래서 일반적인 서원에는 교실 공간에 교장실을 두기 마련이지만 도산서원의 전교당에선 찾아볼 수 없습니다.

그렇다면 어색한 네 칸짜리 전교당에 상덕사의 풍경을 한 칸 더 해볼까요. 이황이라는 과거와 전교당에서 공부하는 유생들의 현재가 만나 다섯 칸의 건축물로 완전해집니다. '영원한 교장 선생님은 퇴계 이황'이라는 존경이 드러나는 설계입니다.

꺾이지 않고
피어나는 매화처럼

이황이 세상에 남긴 마지막 말은 "매화에 물을 주라"였습니다. 매화는 늦겨울 홀로 피는 꽃입니다. 그는 매화에서 세속에 휩쓸리지 않는 선비의 모습을 발견하고 특히 사랑했다고 합니다.

이황이 '가르침'이라는 물을 준 덕분에 《조선왕조실록》 곳곳엔 매화 향을 머금은 강직한 인물들이 등장합니다. 도산서원에서 수학

한 '퇴계 키즈' 서애西厓 류성룡이 대표적인 인물입니다. 임진왜란이라는 거대한 위기를 앞두고 류성룡은 명장을 선발해 조선을 지켜냈습니다. 이때 그가 발탁한 장수는 이순신과 권율, 김시민입니다. 그 시절 이순신은 찾는 이가 없어 업적을 세울 수 없는 무명이었습니다. 전쟁이라는 일촉즉발의 상황에 업적이 없는 사람을 요직에 보낸다는 건 쉽지 않은 선택이었죠. 이때 이황이 류성룡에게 내려준 성리학의 가르침은 무명의 인물을 발굴할 근거가 됩니다. "사람다운 사람을 등용해야 한다"는 기준에 근거해 청렴함을 믿고 관직의 기회를 줄 수 있었던 것이죠.

선비 가문 출신임을 자랑스럽게 여겼던 이황의 14대손 중엔 저항 시인 이육사가 있습니다. 그의 고장 안동의 7월은 청포도가 익어간다지요. 시인은 그의 시처럼 "마을 전설이 주저리주저리 열리"는 모습을 생각하며 조국의 독립을 염원했습니다. "알알이 들어와 박"힌 그 마을의 전설 중엔 수백 년간 지치지도 않고 핀 겨울 매화의 향기도 있었을 것입니다. 매화 향은 집안의 자랑으로 그치지 않고 마을의 시간을 타고 흐릅니다. 그래서인지 경상북도 안동은 전국의 행정자치 지역 중 가장 많은 독립운동가를 배출했습니다. 귀감이 될 전설이 특산물로 주렁주렁 열리는 까닭에 우린 안동을 "정신문화의 수도"라 부르는가 봅니다.

가이드J

**안동
추천 스폿**

도산서원

주소	경상북도 안동시 도산면 도산서원길 154
찾아가기	고속철도 안동역에서 차로 약 35분
운영 시간	2~10월 09:00~18:00(입장 마감 17:30),
	11~1월 09:00~17:00(입장 마감 16:30)
휴관일	연중무휴
입장료	성인 2000원, 어린이(7~12세) 1000원,
	6세 이하·65세 이상 무료
홈페이지	andong.go.kr/dosanseowon

존경의 변주곡,
류성룡과 병산서원

안동 하회마을에서 자란 류성룡은 어린 시절 이황에게 학문을 배웠습니다. 32세의 기대승과 58세의 이황이 편지를 주고받을 당시, 17세의 류성룡은 도산서당에 다니고 있었죠. 이황의 애제자였던 그는 그로부터 6년 후 관직에 나아갑니다. 그렇게 그가 관직 생활을 한 지 30여 년이 흐른 1592년, 임진왜란이 발발합니다. 모름지기 전쟁은 끝난 뒤가 더 중요한 법이지요. 영의정 류성룡이 혼란한 정국의 돌파구를 찾은 것은 이황의 말이었습니다.

"정치는 백성을 위한 것"이라는 보편 타당한 문장을 고민한 결과, 부역과 과세를 줄이는 정책을 편 것이 대표적인 예입니다. 그의 역작으로 평가되는 저서 《징비록》 역시 단순한 임진왜란 회고록이 아닌 실천적인 반성의 결과물입니다. "학자의 일은 자신을 돌이켜 성실하게 하는 데 있다"는 이황의 가르침을 시대가 원하는 눈높이 교훈으로 풀어낸 것입니다.

안동에는 류성룡을 기리는 서원이 있습니다. 바로 병산서원입니다. 병산서원 입구로 들어서면 '정문으로 건립된 누각'인 문루^{門樓}, 만대루^{晩對樓}가 시선을 잡아끕니다. 만대루는 정면 일곱 칸으로 지어 우리나라 서원의 문루 중에서도 긴 편에 속하는데, 나무 기둥 사이사이로 보이는 풍경이 마치 일곱 폭의 병풍을 두른 듯 수려합니다. 조선 선비들은 아름다운 자연을 정신 수양의 필수조건으로 여겼습니다. 무슨 일이 있어도 흐르기를 멈추지 않는 물, 묵묵히 서 있는 산은 그 자체로 가르침을 주기 때문이죠.

병산서원 뜰에는 두 그루의 매화나무가 있습니다. 먼저 백매화가 싹을 틔우면 홍매화가 따라 피지요. 전국의 매화 스폿 중에서도 아름답기로 이름난 병산서원의 홍매화는 이황의 뒤를 이어 꽃피운 류성룡과 닮았습니다. 조선 성리학의 대가 퇴계 이황을 기리는 도산서원, 이황의 수제자 서애 류성룡을 모신 병산서원. 우리나라에서 도시 면적이 가장 넓은 곳이 안동시인 만큼 두 서원은 차로 1시간가량 가야 할 만큼 떨어져 있지만, 스승과 제자의 공간을 비교해보는 것은 분명 흥미로운 경험입니다.

병산서원

주소	경상북도 안동시 풍천면 병산길 386
찾아가기	고속철도 안동역에서 차로 약 30분
운영 시간	하절기 09:00~18:00, 동절기 09:00~17:00
휴관일	연중무휴
입장료	무료
홈페이지	byeongsan.net

붉게 떨어진 두 예인을 만나는 여행

강릉 × 신사임당과 허난설헌

큰 강과 높은 언덕을 뜻하는 '강릉江陵'은 이름부터 자연의 숨결을 담고 있습니다. 푸른 동해와 산, 강이 어우러진 이곳은 사람들에게 쉼과 영감을 주었죠. 맑은 울림이 있는 자연에서는 그 기운을 품은 예술가들이 태어나곤 합니다. 강릉도 그런 예인藝人을 많이 배출한 고장입니다. 하지만 모든 예술가가 마음 편히 재능을 발휘할 수 있는 건 아닙니다. 강릉의 자연이 내어준 눈부신 영감을 품었으나 시대의 편견과 마주해야 했던 두 예술가, 신사임당과 허난설헌을 만나봅니다.

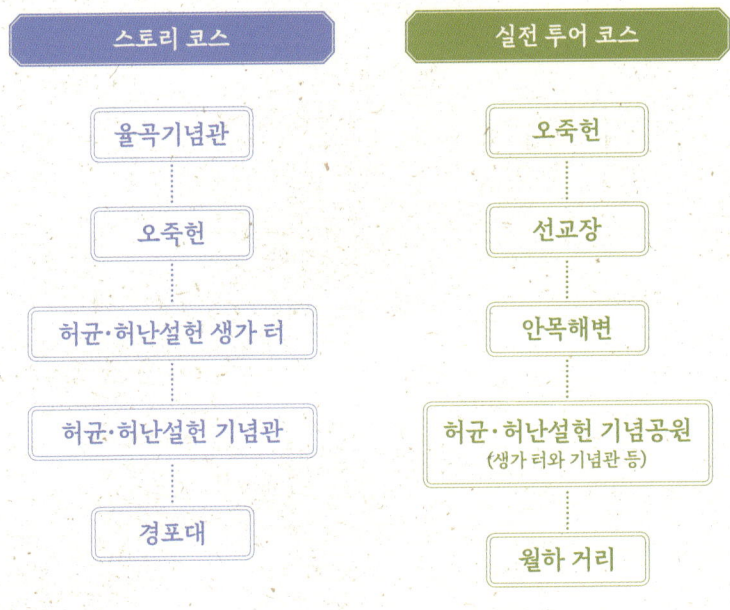

스토리 코스	실전 투어 코스
율곡기념관	오죽헌
오죽헌	선교장
허균·허난설헌 생가 터	안목해변
허균·허난설헌 기념관	허균·허난설헌 기념공원 (생가 터와 기념관 등)
경포대	월하 거리

경포대

허균·허난설헌 생가 터

허균·허난설헌 기념관

초당순두부길

선교장

오죽헌

율곡기념관

안목해변

강변로

강릉역

월하 거리

0   1km

N

낭중지추,
그의 감출 수 없었던 재능

　뒤뜰에 검은 대나무가 많아 '오죽헌烏竹軒'이라 이름 붙은 이곳은 아홉 번이나 장원 급제를 한 천재이자 자기 수양과 도덕적 실천을 중시했던 조선 성리학의 대가, 율곡栗谷 이이의 생가입니다. 그 명성을 보여주듯 오죽헌에는 율곡을 기리는 사당 문성사文成祠와 정조의 명으로 율곡의 벼루를 보관하기 위해 지은 어제각御製閣이 있습니다. 하지만 오늘은 율곡이 아닌 다른 인물에 대해 알아보려 합니다. 바로 그의 어머니 신사임당입니다.

　신사임당은 흔히 현모양처의 상징으로 언급됩니다. 말 그대로 '모범적인 어머니이자 현명한 아내'라는 뜻이죠. 율곡 이이의 가르침을 이어받은 우암尤菴 송시열은 신사임당의 그림을 감상하며 "율

오천 원 지폐에 새겨진 풍경, 오죽헌 전경.

곡 선생의 어머니 되심이 마땅하다"라는 말을 남겼습니다.

사실 신사임당이 살던 시대에는 현모양처라는 말이 없었습니다. 조선 시대에는 효성스러운 며느리와 조강지처로서의 여성상을 강조했습니다. 소가족 형태로 변화한 근대에 이르러 여성은 가정 내에서 자녀의 교육과 가사노동을 담당하는 '남성의 내조자'로 호명된 것이죠. '현모양처賢母良妻'라는 말은 20세기 초 조선 땅에 일본의 '양처현모良妻賢母' 이데올로기가 들어와 변형된 것으로 보는 견해가 많습니다.

현모양처라는 수식어를 떼어놓고 신사임당의 인생을 다시 들여

95

다봅니다. 그의 삶을 아는 사람들은 말합니다. 신사임당은 단지 누군가의 어머니, 누군가의 아내가 아닌, 시대의 틀을 뛰어넘어 자신만의 삶을 개척한 예술가였다고요. 이제 그의 삶을 이해하기 위해 오죽헌 앞 율곡기념관으로 발걸음을 옮겨봅니다.

율곡기념관에서 만난
예인 신사임당

율곡기념관은 신사임당과 율곡 이이 그리고 그 가족의 유품을 전시하고 있습니다. 이 중 우리가 눈여겨보아야 할 유물은 〈이씨 분재기李氏 分財記〉인데요, 사임당의 어머니인 용인 이씨 부인이 다섯 딸에게 재산을 '균등하게' 나눈 기록문입니다.

오죽헌은 사실 신사임당 어머니의 친가이자 신사임당의 친정집입니다. 삼국 시대 때부터 내려온 처가살이의 풍습이 조선 전기까지 이어졌고, 이는 신사임당의 집안도 마찬가지였습니다.

고려 시대에는 성별과 상관없이 모든 자녀에게 균일하게 상속하는 문화가 있었습니다. 조선 초기 법전인 《경국대전》에도 "남녀 구분 없이 재산을 균등하게 상속하며 그중 제사를 지내는 자식은 상속분의 5분의 1을 더한다"라는 항목이 있을 정도였죠.

그러나 조선 후기에 비하면 상대적으로 남녀가 평등한 시대였다고는 하나 당시에도 분명 한계는 있었습니다. 여성에게 허락된 교육은 살림에 관한 것이었고, 그조차도 집안에서만 이루어졌지요. 하지만 신사임당의 부모는 달랐습니다. 딸의 총명함을 알아보고 어릴 적부터 사내와 다르지 않은 교육의 기회를 주었으니까요.

신사임당의 본명은 명확한 기록이 남아 있지 않습니다. '사임당師任堂'은 당호로 12세가 되던 해에 그가 직접 지은 것이지요. 당시에

신사임당 집안의 상속 문서, 〈이씨 분재기〉.

는 어떤 여성이 소위 '롤 모델'이 되었을까요? 대표적인 인물로 태임 太任이 있습니다. 고대 주나라를 건국한 문왕을 길러낸 '지혜로운 어머니'. 사임당은 태임을 본받아, 스승 사師에 태임의 임任, 여성의 지위를 반영하는 집 당堂을 붙여 만든 호입니다. 비록 유교적 여성상을 모범으로 삼았으나, 어떤 사람이 되고자 하는 의지를 담아 스스로 이름을 지은 것이지요.

신사임당은 글과 그림에 남다른 재능을 보였습니다. 특히 조선 전기 최고의 화가 안견安堅의 〈몽유도원도〉, 〈팔준도〉를 보며 실력을 쌓은 그의 산수화는 참으로 대단했다고 합니다. 훗날 율곡 이이가 《율곡전서》 18권에 수록된 〈선비행장〉에서 "7세 때 안견의 그림을 모방해 산수도를 그린 것이 아주 절묘했다"라고 어머니의 행적을 기록할 정도였습니다. 현재 우리가 사임당의 발자취를 알 수 있는 까닭은 어머니를 경외한 율곡 이이의 기록 덕입니다.

율곡기념관에는 사임당의 글과 그의 것으로 추정되는 몇 점의 그림 복제본, 자녀들의 글과 그림이 전시돼 있습니다. 그중에서도 풀과 곤충을 주제로 한 8폭 병풍이 시선을 끄는데요, 바로 우리에게도 잘 알려진 〈초충도〉가 담긴 병풍입니다.

그림은 그리는 이의 시선과 마음이 어디에 머물러 있는지를 보여준다고 하지요. 신사임당은 하찮게 취급되곤 하는 풀과 벌레를 정성스럽고 정교하게 묘사함으로써 작은 것을 귀하게 여기는 마음을 담았습니다. 또한 그는 〈초충도〉에 장수와 평안을 상징하는 석죽화(패

랭이꽃)와 원추리도 그려 넣었는데, 그 배경에는 당시 조선을 뒤덮은 사화의 비밀이 숨어 있습니다.

신사임당의 아버지 신명화는 중종과 척을 지었던 조광조와 친분이 있었고, 1519년 기묘사화에 연루되어 조정에서 물러나 낙향합니다. 석죽화와 원추리는 이런 어수선한 분위기 속에서 근심 걱정 없이 가족 모두가 장수하길 바라는 신사임당의 마음을 담은 것이지요.

예술적 식견이 높았던 조선의 문신 소세양은 그의 산수화를 보고 그림 속 자연을 노래하는 감상시 제화題畫를 남겼고, 〈초충도〉를 본 조선 19대 왕 숙종 또한 "풀이며 벌레며 그 생김새가 너무 닮아 어찌 그리 교묘할까"라며 감탄해 마지않았다고 합니다.

오죽헌, 사임당의 꽃은 피었는가?

조선 전기 가옥 양식을 경험할 수 있도록 관람객에게 공개 중인 오죽헌에는 여느 고택과 다른 부분이 있습니다. 그것은 바로 담장인데, 남성들의 공간인 사랑채와 여성들의 공간인 안채가 담장 없이 이어져 있습니다. 이는 사랑채와 안채의 주인인 남녀가 자유롭게 서로의 공간을 오갔다는 것을 의미합니다.

조선 시대 양반 여성의 삶이 그러했듯 신사임당 또한 집안에서

담장 없이 마주한 오죽헌의 사랑채(왼쪽)와 안채(오른쪽).

신사임당의 생활 공간이었던 안채.

혼처를 구합니다. 신사임당의 재능을 아꼈던 아버지 신명화는 고르고 골라 이원수를 데릴사위로 들였는데, 이원수는 아내의 그림을 친구들에게 자랑할 정도로 사임당의 예술 활동을 지지했습니다. 예술적 기개를 남성의 전유물로 여길 수도 있는 시절이었지만 이원수의 행보는 달랐지요.

그러나 그는 무능한 남편이었습니다. 신사임당은 만년 과거 시험만 준비하는 남편을 사찰로 보내 공부에 전념하게 합니다. 하지만 이원수는 걸핏하면 집으로 돌아오기 일쑤였지요. 남편을 마주한 신사임당은 단호히 말합니다. "그렇게 공부를 게을리하시면 저는 머리카락을 잘라 비구니가 되겠습니다."

이원수가 관직을 얻기 위해 권력에 줄을 서려 했을 때도 신사임당은 그 행동은 옳지 않다며 막아섭니다. 사임당은 남편이 부끄럽지 않은 사람이 되도록 고언을 아끼지 않은 동반자이자, 무능에 엄격한 아내였습니다.

유학자인 율곡 이이는 효孝를 중히 여겼습니다. 하지만 그가 남긴 많은 기록 속에서 아버지에 대한 언급은 찾아보기 어렵습니다. "아버지는 성격이 좋지 않아 집안 살림을 잘 모르셨다"는 문장 정도만 남아 있지요. 그 와중에 이원수는 주막집 아낙네와 딴 살림을 차려 가족에게 큰 상처를 주었습니다. 가장의 역할까지 떠안았던 신사임당은 48세의 나이에 생을 마감하며 남편에게 마지막 당부의 말을 남깁니다. "내가 죽으면 재혼하지 마세요." 이는 남편을 하늘처럼 떠

받드는 '양처'라면 건넬 수 없는 말이었죠.

어떤 악조건 속에서도 지조와 절개를 지키는 것이 덕목이던 그 시절, 올곧게 자라는 대나무는 군자의 상징으로 더없이 적절했을 겁니다. 하지만 짧게는 60년, 길게는 100년에 한 번 핀다는 대나무의 꽃은 상상의 새인 봉황이 먹는다고 믿을 만큼 덧없는 아름다움이 아니었을까요?

검은 대나무에 둘러싸인 오죽헌에서 신사임당은 한평생 살면서도 보기 어려운 대나무 꽃 대신 작은 들꽃과 풀벌레 소리를 화폭에 담았습니다. 그리고 마침내 오늘의 오죽헌에는 세상의 프레임을 깨고 재능을 떨친 한 인간의 손끝에서 피어난 꽃들이 만발하고 있습니다.

강릉의 또 다른 예인, 섬세한 문장가

강릉 경포호 인근에는 '허씨 5문장'으로 알려진 문학가 집안의 고택이 남아 있습니다. 우리에게는 《홍길동전》으로 익숙한 허균의 집입니다.

원래 이 집안은 당대 학자이자 문신이었던 아버지 초당草堂 허엽과 장남 허성, 차남 허봉, 막내 허균까지 모두가 소문난 문장가였습니다. 강릉의 명소인 초당동이라는 지명이 바로 허엽의 호에서 유래

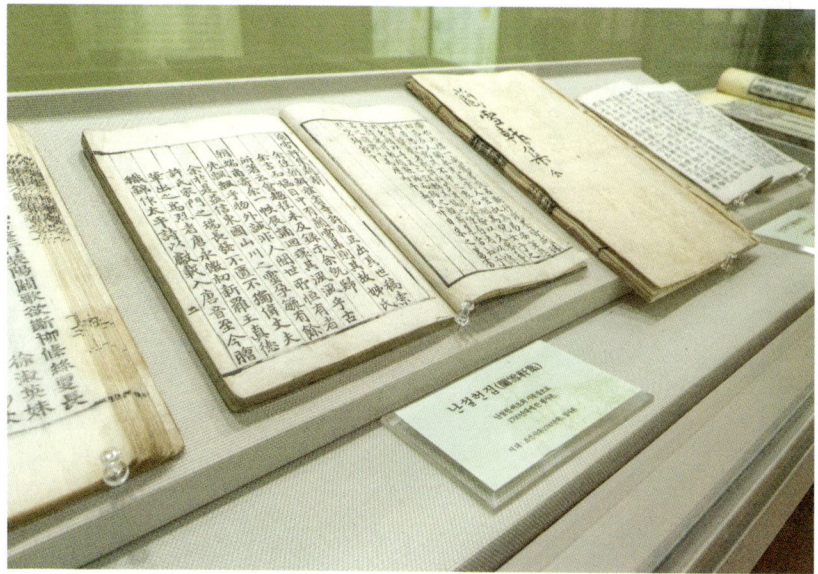

허균·허난설헌 기념관에 비치된 허난설헌의 시집.

1부 · 조선으로 떠나는 시간여행

한 것이지요. 그뿐만 아니라 허엽이 깨끗한 바닷물로 간을 맞추어 두부를 만들었다는 이야기가 전해지며 '초당순두부'라는 강릉의 명물이 탄생했습니다.

'허씨 5문장' 중 나머지 한 명을 소개할 차례네요. 허엽의 외동딸이자 허균의 누이였던 허초희입니다. 그는 여성의 시서화 활동이 제한된 조선 시대에도 이름이 알려질 만큼 시에 뛰어난 재능을 보였습니다. 특히 그가 쓴 한시漢詩는 조선을 넘어 중국과 일본에서도 그 아름다움을 인정받았습니다.

조선 시대의 한시는 선비의 우월함을 강조하는 요소였습니다. 당시 선비들에게 한시는 그저 과거에 급제하기 위해서만이 아니라 학문의 깊이를 보여주는 도구였습니다. 한시를 쓴다는 것은 단순히 한문을 아는 것을 넘어, 시의 형식으로 노래를 부르거나 그림을 그리듯 자신의 생각을 표현할 역량이 있다는 뜻이었기 때문이지요.

반면에 여성에게는 필요 이상의 한문을 가르치지 않았습니다. 《내훈》과 같은 여성 교훈서를 읽을 정도만 한문을 익히게 했지요. 하지만 허엽의 집안은 달랐습니다. 허초희는 어릴 적 한문을 배우기 시작하면서 시에 재능을 보였는데, 오빠 하곡荷谷 허봉은 그의 시가 더욱 깊어질 수 있도록 든든한 지원자가 되어주었습니다. 당대 최고의 문인이었던 손곡蓀谷 이달을 스승으로 소개해주고, 명나라를 다녀올 때 귀한 시집을 구해다 선물하기도 했지요. 허봉은 당나라 때의 시인 두보杜甫의 시집을 건네며 누이에게 애정을 담아 이런 편지를 남겼습니다.

"이제 두보의 소리가 내 누이의 손에서 다시 나오게 되길 바랄 뿐이다."

–1582년 봄, 오라비 하곡으로부터

　　여기서 한 가지 주목할 점이 있습니다. 허봉은 편지의 수신인에 허초희라는 이름 대신 그의 호인 '난설헌蘭雪軒'을 씁니다. 이는 허초희가 '눈 속에서도 맑은 향을 잃지 않는 난초'처럼 고결한 사람이 되겠다는 의미를 담아 스스로 지은 호를 가족들도 함께 사용하며 존중했다는 의미이지요. 이렇듯 서로를 예인으로 인정하는 남다른 가정환경에서 자란 허난설헌은 시처럼 세상을 꿈꾸고 문장을 넓혀갈 수 있었습니다.

　　허균과 허난설헌의 생가 터 앞에는 허씨 가족의 문학적 업적을 기리는 5개의 시비詩碑가 있습니다. 그중 시비에 새겨진 허난설헌의 시가 유독 눈에 띕니다.

"나의 집은 강릉 땅 돌 쌓인 갯가에 있어
문 앞 강물에 비단옷을 빨았지요
아침이면 한가롭게 목란배 매어두고
짝지어 나는 원앙새만 부럽게 바라보았지요"

–허난설헌, 〈죽지사竹枝詞〉

허균·허난설헌 기념공원의 허씨 5문장 시비.

이 시는 당나라 시인 유우석劉禹錫의 애정 시를 응용해 허난설헌
이 고향 땅 강릉을 그리워하며 지은 것입니다. 그에게 고향은 더욱
사무치는 그리움이었습니다. 고향을 떠난 후 그의 삶은 온통 비운의
시간이었기 때문입니다.

꺾여버린
설원의 난초

신사임당과 허난설헌은 얼핏 비슷한 시기를 산 것 같지만, 신사

임당이 경험한 16세기 초중반의 조선과 허난설헌이 산 16세기 중후반의 조선은 매우 달랐습니다. 허난설헌의 생가는 앞서 보았던 신사임당의 오죽헌과 차이가 있습니다. 조선 시대 대부분의 양반가와 마찬가지로 사랑채와 안채가 확연히 구분되어 있는데, 허난설헌이 생활했을 안채는 높은 담장을 둘러 외부와 철저히 단절한 구조적 특징을 보이지요.

16세기 중후반으로 접어들면서 조선은 여성에게 더욱 억압적인 사회로 변합니다. 당시 조정은 성리학을 강조하며 이전과 달리 중국의 예법으로 관혼상제의 풍속을 강화했습니다. 신랑이 처가에서 신부를 맞아와 자기 집에서 혼인하는 친영제親迎制가 강화됩니다. 이는 결혼한 신부가 집으로 돌아가지 못하는 삶, 결혼과 함께 시작되는 '시집살이'를 의미했습니다.

허난설헌은 15세가 되던 해 혼례를 치릅니다. 조정의 충신이었던 아버지 허엽도 제도를 거스를 수는 없었습니다. 그렇게 허난설헌은 자신에게 넓은 세상을 가르쳐주던 강릉 집 울타리를 벗어나 시댁으로 들어가야 했습니다.

그렇다면 허난설헌의 남편은 어떤 사람이었을까요? 그의 이름은 김성립, 안동 김씨 가문 출신입니다. 권세가 높고 보수적인 가풍을 지닌 집안이었죠. 과거 시험에 번번이 낙방하던 그는 자신보다 글재주가 뛰어난 아내가 탐탁지 않았습니다. 그는 공부에 집중해야 한다며 집을 나가더니 결국 다른 살림을 차립니다.

안채(왼쪽)와 사랑채(오른쪽)를 굳건히 가르는 허난설헌 생가의 담장.

허난설헌은 의지할 곳 하나 없는 시댁에서 홀로 버텨야 했습니다. 그나마 남편과의 사이에서 낳은 두 아이를 보며 혹독한 시집살이를 견뎠지요. 하지만 아이들마저 그의 곁에 오래 머무르지 않았습니다. '자식의 죽음에 울다'란 시에는 전염병으로 두 아이를 차례로 잃은 어미의 말할 수 없는 슬픔이 담겨 있습니다.

"지난해 귀여운 딸을 잃고 / 올해는 사랑하는 아들이 떠났네
슬프고 슬프다, 광릉의 땅이여 / 두 무덤이 나란히 마주 있구나
사시나무 가지에 쓸쓸한 바람 일고 / 숲속에는 도깨비불 어리비치는데
지전 태워 너의 넋을 부르며 / 무덤 앞에 술잔을 붓는다
아무렴 어미가 안다. 너희들 넋이나마 / 밤마다 만나 정답게 논다는 것을"

−허난설헌, 〈곡자哭子〉

더욱이 이 시를 짓던 당시 뱃속에 있던 셋째 아이마저 유산되고 마는데, 감히 깊이를 알 수 없는 슬픔 속에서 약해질 대로 약해진 그를 보듬어줄 이는 아무도 없었습니다. 통곡이 이어지던 어느 날, 허난설헌은 꿈을 꿉니다. 바다 가운데 신선이 노니는 광상산廣桑山에 올라 신비로운 풍경을 보죠. 그리고 꿈의 세계를 '꿈에 광상산에서 노닐다'라는 시로 남기는데 그 시구가 의미심장합니다.

"부용꽃 스물일곱 송이 붉게 떨어지니 / 달빛 서리 위에서 차갑기만 하여라"

—허난설헌, 〈몽유광상산夢遊廣桑山〉

그리고 몇 해 뒤, 그는 죽음을 예견이라도 한 듯 시에서 묘사한 부용꽃처럼 스물일곱의 나이에 붉게 지고 맙니다.

난설헌을 기억하며

생가 터 인근에는 허난설헌의 동상과 허균·허난설헌 기념관이 자리합니다. 기념관 내부로 들어서면 허균의 《홍길동전》과 허난설헌의 시를 모은 《난설헌집》을 비롯해 허씨 가문의 다양한 문집을 만날 수 있습니다.

《난설헌집》은 사실 허난설헌이 지은 것이 아닙니다. 오히려 허난설헌은 자신이 남긴 모든 시를 불태워달라는 유언을 남겼죠. 허균은 누구보다 그의 시를 아꼈지만, 누이의 유지에 따라 시를 모두 불태웁니다. 하지만 누이의 시가 세상에서 완전히 사라지는 것이 안타까웠던 허균은 이내 기억을 더듬어 불태운 시를 하나하나 다시 써 내려갑니다. 거기에 더해 친정에 남아 있던 일부 원고를 엮어 펴낸 것이 바로 《난설헌집》입니다.

그 후 이 책은 조선을 찾은 명나라 사신들을 통해서 명나라로 건너가 출간되었고, 18세기에는 그의 시집이 일본까지 알려져 큰 인기를 얻게 됩니다. 조선 최초로 한중일을 아우르는 '한류 시인'이 된 것이죠. 젊은 나이에 세상을 떠났지만 그가 남긴 빛나는 유산들은 지금도 끊임없이 자신을 증명하고 있습니다.

예인들의 추억, 경포대

소나무가 우거진 허균·허난설헌 기념공원을 천천히 걸어 나오면 경포호수를 따라 걷기 좋은 길이 나옵니다. 언덕 위에는 경포호수를 한눈에 내려다볼 수 있는 경포대鏡浦臺가 우리를 기다리지요. 경포대를 향해 걸으며 신사임당과 허난설헌에게도 아름답게 기억되었을 품 넓은 산새와 호수가 그리는 경관을 눈에 담아봅니다.

풍광이 뛰어난 강원도에는 8개의 명승지名勝地를 일컫는 관동팔경關東八景이 있습니다. 경포대에서 바라보는 경치도 그중 하나입니다. 경포대는 '거울처럼 맑은 호수에 있는 누각'이란 뜻으로 "5개의 달을 본다"라는 이야기가 전해집니다. 그 달들은 각각 하늘, 바다, 호수 그리고 술잔과 연인의 눈동자 속에 떠 있다고 합니다.

관동팔경의 풍경 속에서 강릉의 예인을 떠올리다.

당시에도 경포대의 경관이 어찌나 아름다웠던지 누각 내부 중앙에 걸린 현판에 "제일강산第一江山"이라 적혀 있습니다. 누각 내부에는 숙종이 내린 어제御製 시 편액과 조선 후기 문신 조하망의 시 편액, 그리고 율곡 이이가 10세에 썼다는 경포대부賦가 걸려 있습니다.

경포대에 올라 강릉이 품었던 두 예인을 떠올려봅니다. 그들이 남긴 작품들은 항상 그곳에 있는 달처럼 늘 우리 곁에 있었을지도 모르겠습니다.

(가이드 K)

강릉 추천 스폿 오죽헌	주소	강원도 강릉시 율곡로 3139번길 24
	찾아가기	고속철도 강릉역에서 차로 약 5분
	운영 시간	09:00~18:00(입장 마감 17:00)
	휴관일	1월 1일, 설·추석 당일
	입장료	성인 3000원, 청소년·군인 2000원, 어린이 1000원
	홈페이지	gn.go.kr/museum
허균·허난설헌 기념공원 (생가 터, 기념관)	주소	강원도 강릉시 난설헌로 193번길 1-29
	찾아가기	고속철도 강릉역에서 차로 약 8분
	운영 시간	상시 개방(기념관 09:00~18:00)
	휴관일	월요일, 1월 1일, 설·추석 당일
	입장료	무료
	홈페이지	visitgangneung.net/pub/ruins.do?mode=v&seq=69#detail

작은 것들을 위한 그림,
민화

조선 시대 회화는 크게 사대부 계층의 교양과 수양을 쌓기 위한 '문인화文人畵'와 백성의 삶과 밀접한 '민화民畵'로 나뉩니다. 신사임당은 양반가의 자제로 문인화를 향유했지만, 그녀가 그린 〈초충도〉는 민화처럼 소박한 사물에 깃든 생명력을 표현합니다. 실제로 '민화 초충도'의 원류로 평가되기도 하지요.

민화는 조선 후기였던 18세기, 신분제 변화와 함께 본격적으로 등장합니다. 농업과 상업의 발달로 부유한 중인과 상인 계층이 늘어나며, 더 이상 예술은 왕실과 양반만의 전유물이 아니게 됩니다. 이들은 상류층이 누렸던 문화를 따라 누리길 원했고, 자연스레 미술 시장도 활기를 띱니다. 도화서 화원들까지 대중의 취향에 맞춘 그림을 그리기 시작하자 그림은 점차 대중 예술로서의 면모를 갖추게 되지요. 이런 그림들을 당시에는 '속화'라 하여 천시했으나, 1920년대 일본의 미술사학자 야나기 무네요시가 그 가치를 재조명했습니다. 그는 "조선의 그림들은 모두 조선풍이며 조선의 문화는 확실하고 독자적인 세계를 이루고 있다"라며 높게 평합니다. 또한 1937년 일본에서 발행된 잡지 《공예》에 〈공예적 회화〉란 글을 기고하는데, 민중 속에서 태어나고 민중을 위하여 그려지고 민중에게 구입되는 그림이라 정의하며 '민화'라 명명했죠.

그렇다면 민화는 민중만의 그림이었을까요? 민화의 큰 특징은 '길상吉祥', 즉 복을 부르고 액운을 막고자 하는 염원에 있습니다. 그렇기에 왕실과 사대부도 길상을 바라며 민화를 가까이에 두었지요. 대표적으로 부부의 화합을 기원하는 '화조도花鳥圖', 과거 합격을 기원하며 '어과魚科'와 음이 유사한 물고기魚와 게蟹를 그린 그림이 있습니다.

이러한 민화를 감상하고 주변 지역 여행까지 즐길 수 있는 곳을 하나 꼽자면 바로 전라남도 강진에 있는 한국민화뮤지엄입니다. 국내 최대 규모의 민화 박물관에서 우리의 옛 그림을 감상하고 민화 복제본 한 점 품어보시는 건 어떨까요?

한국민화뮤지엄

주소	전라남도 강진군 대구면 청자촌길 61-5
찾아가기	고속철도 목포역 또는 나주역에서 차로 약 1시간
운영 시간	09:30~18:00(입장 마감 17:30)
휴관일	월요일
입장료	성인 6000원, 학생(초·중·고등학교) 5000원, 유아 4000원
홈페이지	minhwamuseum.com

전주 × 동학 농민 혁명

사람처럼 살다 죽겠다, 여드레의 완산

전라북도 전주시 완산구 전라감영로 55

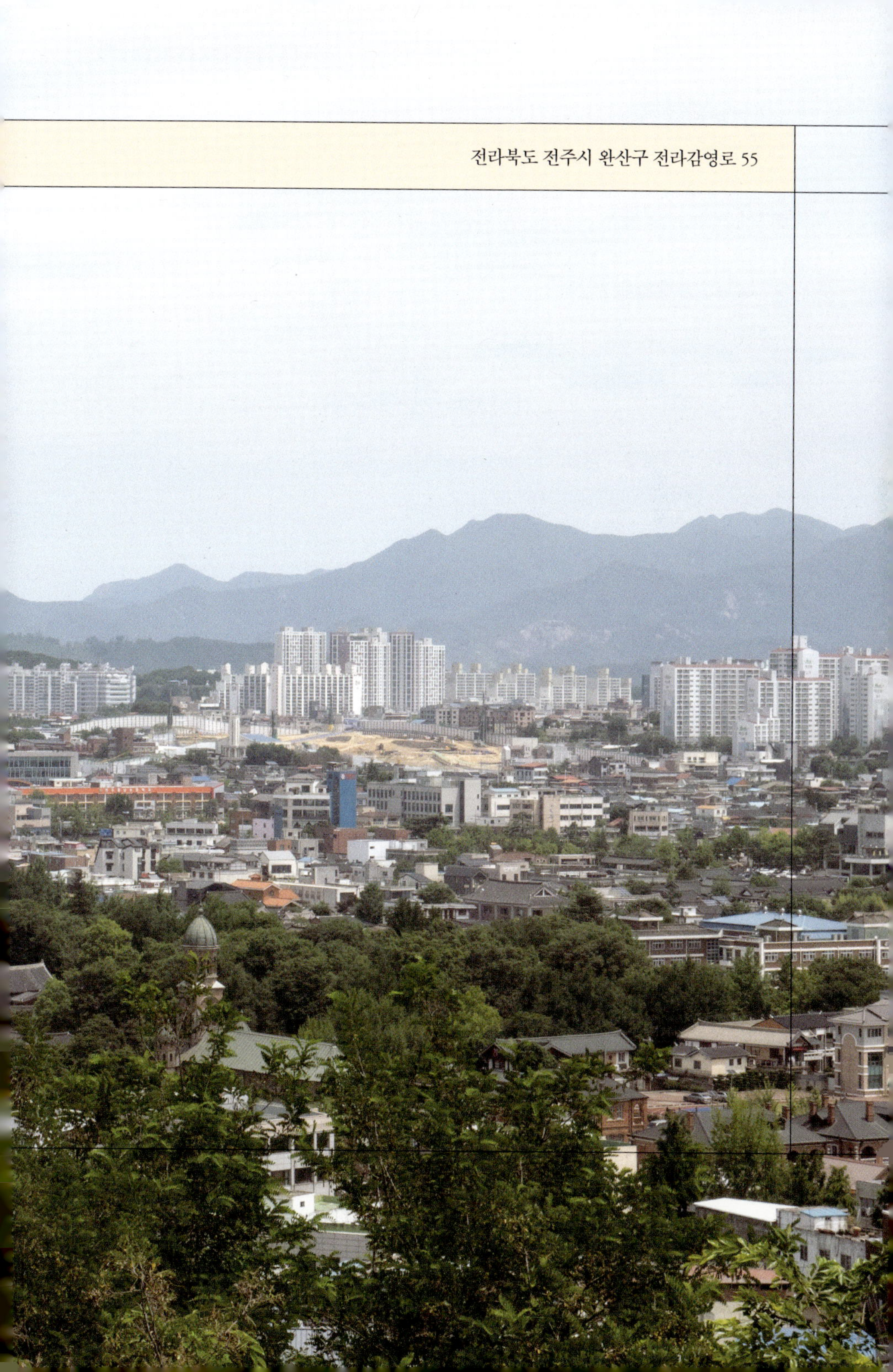

"대한민국의 주권은 국민에게 있고, 모든 권력은 국민으로부터 나온다."

대한민국 국민이라면 누구나 아는 헌법 제1조 2항에는 '사람이 곧 하늘'이라는 동학농민혁명의 정신이 담겨 있습니다. 외세의 위협과 부패한 지배 계층 사이에서 고통받던 백성들에게 '만인이 평등한 세상'은 목숨을 걸고서라도 닿고픈 이상향이었고, 이는 현재의 우리에게도 유효한 가치이기 때문입니다.

1894년, 세상의 부조리에 맞서 아래로부터 시작된 혁명은 어떤 자취를 남겼을까요? 동학농민군의 횃불로 뜨거웠던 전주 완산. 멈추지 않고 이상향을 향해 나아간 이들의 '8일간의 완산전투' 속으로 들어가 보겠습니다.

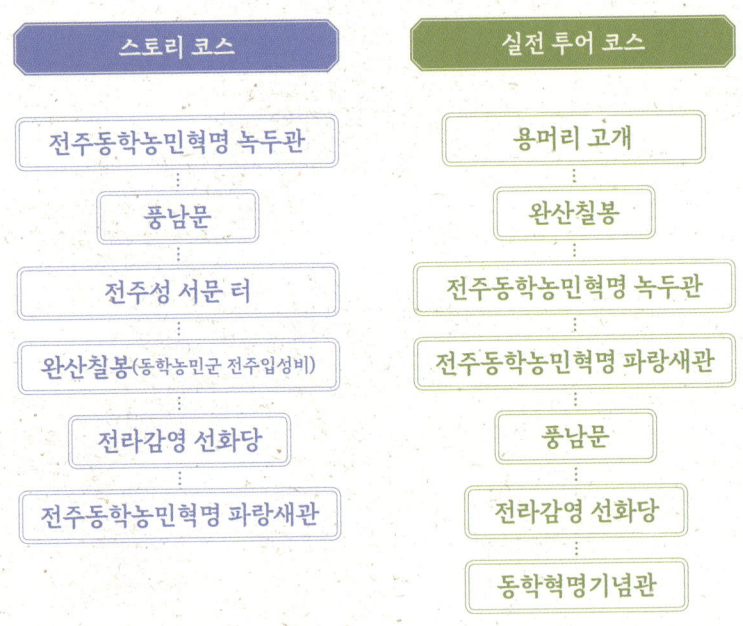

스토리 코스	실전 투어 코스
전주동학농민혁명 녹두관	용머리 고개
풍남문	완산칠봉
전주성 서문 터	전주동학농민혁명 녹두관
완산칠봉(동학농민군 전주입성비)	전주동학농민혁명 파랑새관
전라감영 선화당	풍남문
전주동학농민혁명 파랑새관	전라감영 선화당
	동학혁명기념관

주요 도로

일반 도로

보조 도로

공원, 녹지

하천

전주성 서문 터

전라감영 선화당

동학혁명기념관

경기전

한옥마을 역사관

풍남문

전동성당

전주천동로

향교길

완산길

전주천서로

용머리 고개

전주동학농민혁명
녹두관

전주동학농민혁명
파랑새관

완산칠봉
(동학농민군 전주입성비)

청승배기로

0   100m

N

새로운 하늘이
열리다

백제 시대 전주는 모든 것이 잘 어우러지고 흠이 없다는 뜻의 "완산完山"이라 불렸습니다. 전주 남쪽에 자리한 산의 이름을 지역명으로 삼은 것이지요.

전주를 상징하는 이 산의 7개의 봉우리를 '완산칠봉'이라 하는데, 그중 투구봉에는 작은 건물 한 채가 자리합니다. 전주완산도서관 오른편에 놓인 계단을 따라 5분 정도 올라가면 보이는 곳, 바로 전주 동학농민혁명 녹두관입니다. 원형 통로를 지나 녹두관으로 들어서는 순간 만나게 되는 어두운 공간에는 이름 없는 한 동학농민군의 묘가 있습니다.

1995년 7월, 일본 홋카이도 대학 창고에서 한 장의 문서와 함께

완산 투구봉에 자리한 전주동학농민혁명 녹두관.

머리뼈가 발견됩니다. 문서에는 "메이지 39년(1906년) 9월 20일 진도에서 효수된 동학 수괴자의 해골, 시찰 중 수집"이라고 적혀 있었죠. 조선인과 일본인의 민족적 뿌리가 같다는 주장을 뒷받침하기 위해 일본인이 진도에서 불법으로 반출한 머리뼈였습니다. 이후 90년간 방치되어 있던 유골은 1996년에야 그리던 고국으로 돌아올 수 있었지만, 신원을 확인하기는 어려웠습니다. 정읍, 김제 등 동학농민혁명의 주요 전적지에 안장해야 한다는 논의 끝에 전주역사박물관 수장고에 머물던 유골은 2019년, 동학농민혁명 125주년을 맞아 이곳 전주 완산 녹두관에 안치되었습니다.

100여 년을 떠돌던 동학농민군 지도자의 유골이 묻히다.

"무명 동학농민군 지도자의 묘". 이름조차 알 수 없어 '무명'이라 이름 붙인 묘 앞에 서면 전봉준, 김개남, 손병희처럼 널리 알려진 지도자들이 떠오릅니다. 하지만 동학농민혁명은 이름난 몇몇이 이룬 역사가 아닙니다. 거기엔 농민, 노비, 백정 등 남녀노소를 막론한 수많은 이름 없는 자들이 함께했습니다. 하루하루 살아가기도 바빴던 그들은 무엇을 위해 죽창을 들고 혁명의 길로 나아갔던 걸까요.

높고 푸른 하늘이 보이는 전시장 입구에는 행복한 표정을 짓고 있는 백성들의 모습이 담긴 박흥규의 〈후천개벽도後天開闢圖〉(2014)

가 있습니다. 새로운 하늘이 열린다는 뜻의 '후천개벽'은 1860년에 등장한 동학의 핵심 사상입니다.

부패한 권력층과 외세의 난입으로 나날이 피폐해져만 가던 19세기, 조선 백성들에게 동학은 단순한 종교가 아니었습니다. 1893년 새롭게 부임한 고부^{古阜,정읍의옛지명} 군수 조병갑은 이미 저수지가 있음에도 만석보^洑를 새로 만들고, 제 아비의 공덕비를 세우고자 세금을 거두기 시작합니다. 그러니 이 시절 백성들에게 '사람은 모두 평등하다'는 동학의 울림은 얼마나 컸을까요.

전주동학농민혁명 파랑새관에 전시된 사발통문.

"우리는 비록 시골에 사는 이름 없는 백성들이지만 지금의 시국을 좌시할 수 없다. 팔도가 한마음으로 지금 의로운 깃발을 들어 나라를 바로잡고 백성을 편안하게 만들 것으로 죽고 사는 것을 맹세하였다."

—동학농민군의 무장 포고문, 《취어》, 1894년 음력 3월 20일

백성들은 잘못된 질서를 바로잡고, 새로운 세상으로 나아가고자 했습니다. 행동대장 전봉준은 사발을 엎어 원을 그리고 그곳에 함께하는 이들의 이름을 썼습니다. 이것이 바로 주모자가 누군지 알 수 없도록 작성한 '사발통문'입니다. 사발통문에는 이름뿐 아니라 "전주성을 함락하고 서울로 향할 것"이라는 거사 계획도 적혀 있었습니다.

흰 무명 띠를
머리에 두르다

녹두관 옥상에 올라가면 전주 시내가 한눈에 보입니다. 전주한옥마을과 조선 시대부터 이어온 전통시장인 남부시장 사이에는 중층 구조의 성문이 하나 있습니다. 지금은 사라진 전주성을 지키던 남문, 풍남문입니다.

풍남문에는 2개의 편액扁額이 걸려 있습니다. 반원형의 옹성 남쪽에 걸린 '풍남문豐南門'은 '풍패의 남쪽 문'이라는 의미인데, 조선을

전주성의 사대문 중 유일하게 남아 있는 남문, 풍남문.

건국한 태조 이성계의 고향인 전주를 두고 제왕의 고향을 의미하는 '풍패豐沛'에 비유한 것이죠. 또한 북쪽에 적힌 '호남제일문湖南第一門'에는 호남의 첫 번째 문이라는 의미를 담았습니다.

전주는 전라도의 중심으로 오늘날의 도청인 전라감영이 있던 곳입니다. 특히 전라감영은 제주도를 포함해 전라도 56개 군현을 관할할 정도로 중요한 곳이었습니다. 조선 왕조의 시작이자 전라도의 심장인 전주는 동학농민군과 조정 모두의 요충지였습니다. 백산 봉기를 시작으로 고부, 부안, 고창 등을 장악한 동학농민군은 전주성

완산칠봉 전적지에 세워진 동학농민군 전주입성비.

을 차지하려 진격했습니다.

1894년 음력 4월 27일, 동학농민군은 전주성 서문 앞에 도착합니다. 서문 밖은 장날로 유독 사람이 많았고, 시끌벅적한 분위기였죠. 마침내 정오 무렵, 서문 밖에서 동학농민군이 대포와 총을 쏘기 시작했습니다.

갑작스러운 대포 소리에 놀란 장꾼들은 서문과 남문을 통해 성안으로 달려 들어갑니다. 이 틈을 타 장꾼으로 변장한 동학농민군도 성안으로 진격했지요. 당시 전주성을 지키고 있던 관군 대부분은 동학농민군을 진압하고자 성을 나가 있었기에 성안은 거의 무방비 상태였습니다. 그렇게 동학농민군은 피 한 방울 묻히지 않고 전주성을 차지할 수 있었습니다. 동학농민군을 격퇴하라는 명을 받고 임시 벼슬인 양호초토사로 임명된 홍계훈은 하루 늦은 4월 28일에야 전주성 앞에 도착합니다.

"급히 달려 동학농민군의 뒤를 따르면 항상 하루의 거리 앞에 있어 동학농민군이 먼저 전주를 점거하였습니다. 28일 8시경 전주의 앞산에 도착하여 진을 치고 전주성을 공격하였지만 악전고투하였습니다."

–《양호전기》, 1894년 음력 4월 29일

탄환이 쏟아지는
전주의 격전지

완산은 최고봉인 장군봉이 해발 185m인 나지막한 산이지만 전주를 발아래 둔 시원한 전경 덕분에 전략적 요충지로 꼽혔습니다. '완산전투'는 이 고장의 피할 수 없는 숙명이었고 1894년, 결국 완산 일대는 피로 붉게 물듭니다.

동학농민군이 전주성을 차지했으나 홍계훈은 포기하지 않았습니다. 그는 완산에 본진을 두고, 전주성 주변으로 부대를 배치했습니다. 북쪽으로는 전북대학교 뒷산인 건지산에, 서쪽으로는 황학대가 자리했던 지금의 신흥중·고등학교에, 동쪽으로는 전주한옥마을

근처의 기린봉과 오목대에 홍계훈의 군대가 자리했습니다. 관군은 전주성을 에워쌌고, 최신 무기인 독일제 크루프 포, 개틀링 기관총을 배치해 공격을 시작했습니다.

농민군 역시 이들에게 대항하고자 성문을 열고 나와 돌진했습니다. 하지만 죽창과 나무를 닭장같이 얽어 만든 전투용 수레 '장태'가 전부였던 농민군은 속수무책으로 공격을 당할 수밖에 없었습니다. 첫날은 100여 명, 다음 날은 300여 명, 그다음 날엔 또 100여 명의 사상자가 나왔습니다. 그러나 계속되는 농민군의 패배로 홍계훈과 관군이 이길 것처럼 보였지만, 이들은 도무지 전주성을 차지하지 못했습니다. 전투에서 승리하고 있음에도 나아가지 못했던 이유는 규모 차이 때문이었습니다. 당시 홍계훈 부대는 약 800명이었던 반면, 농민군의 규모는 2만 명이 넘었기 때문입니다.

> **"여러 날 악전고투하여 동학농민군 수백 명을 체포하거나 베고 몇 번 전주성에 올랐으나 동학농민군은 많고 우리는 적어 성을 수복하지는 못했습니다."**
>
> –《양호전기》, 1894년 음력 5월 2일

그리고 음력 5월 3일, 숨 막힐 정도로 격렬한 전투가 시작됩니다. 전봉준은 농민군을 이끌고 서문과 남문을 나와 관군의 본진을 공격하기 위해 완산으로 진격했습니다. 농민군은 쏟아지는 탄환을 피하려고 악귀나 잡신을 쫓는 부적인 '팔도부'를 몸에 지녔습니다. 머리 위로 비 오듯 쏟아지는 탄환에 동료들이 죽어나갔지만, 농민군은 아랑곳하지 않고 전우의 시체를 넘어 소리를 지르며 나아갔습니다. 이 과정에서 앞장서서 달리던 14세 아기 장수 이복용은 관군에게 목을 베였고, 총대장 전봉준은 왼쪽 허벅지에 총상을 입었습니다. 8시간 가량 이어졌던 이날의 전투에서 500여 명의 농민군이 세상을 떠났습니다.

백성이 다스리는
세상의 시작

수많은 전우의 죽음을 목격한 동학농민군의 기분은 어땠을까요. 농민군의 사기는 점점 떨어졌고, 어떤 이들은 성벽을 넘어 도망치기도 했습니다. 이때 홍계훈은 전봉준을 넘기면 살려주겠다는 내용의 문서를 성안 곳곳에 돌리며 불화를 일으키기도 했죠. 그러던 중 음력 5월 5일, 조선 왕실의 요청으로 청나라 군대가 조선에 상륙했고, 뒤이어 일본군까지 들어오게 됩니다. 외세가 개입하고, 오랜 공방전으로 민가에도 막대한 피해가 발생하자 '나랏일을 돕고 백성을 편안하게 한다'는 보국안민輔國安民을 내걸었던 동학농민군은 홍계훈에게 휴전을 제의합니다. 그리고 혁명의 시작부터 계속해서 주장해온

폐정개혁을 조정에 전달해달라고 요청하지요.

> **"보부상의 폐단을 금지할 것, 탐관오리를 모두 쫓아낼 것, 임금을 속여 매관매직하며 국권을 농간하는 자들을 아울러 축출할 것, 백성들의 각 집에 부과하는 잡역을 줄일 것."**
>
> —폐정개혁 일부 조항, 〈전봉준판결선고서〉, 1895년 음력 3월 29일

음력 5월 8일, 결국 굳게 닫혀 있던 전주성의 문이 열렸습니다. 마침내 새 전라감사 김학진과 전봉준이 전라감영 선화당에서 만났습니다. 김학진은 동학농민군의 요구를 들어주기로 약속하며 전주화약全州和約을 맺습니다. 그 결과 전라도 군현 53개에 백성이 만들고 백성이 다스리는 집강소가 세워졌습니다.

> **"억울함을 호소한 것이 관청에 오르게 되어 영원히 덕을 기리고 축하하는 것은 오직 합하(정일품 벼슬아치)의 처분에 달려 있습니다. 저희는 곧 나가 물러가서 다음의 밝은 회답을 기다립니다. 무기는 분부대로 반납하겠습니다."**
>
> —음력 5월 8일 동학농민군이 올린 문서, 《양호전기》, 1894년 음력 5월 21일

김학진은 집으로 돌아가는 동학농민군을 공격하지 말라는 지시를 내렸고, 농사철을 놓친 농민들을 위해 각종 세금을 면제하겠다며

동학농민군과 조선 관군이 전주화약을 맺은 전라감영 선화당.

신뢰를 쌓아갔습니다. 그렇게 관과 민이 처음으로 협력하며 새로운 세상으로 한 걸음 다가가는 듯했지요.

전주화약으로 동학농민군이 해산하자 조정에서는 청나라와 일본에 군대를 물리라고 요청했습니다. 하지만 일본은 조선의 개혁을 빌미로 이를 거부하며 숨겨뒀던 속내를 드러냈습니다. 청나라의 동반 철수 요구를 거부한 일본군은 음력 6월 21일 새벽, 경복궁 영추문의 빗장을 부수고 왕과 왕비가 머무르고 있는 함화당으로 돌격합니다. 이후 일본군은 경복궁을 강제로 점령하고 청나라와의 전쟁까지 선포하며 조선을 삼키려는 야욕을 드러냈습니다.

185건에 담긴 그날의 이야기

꿈꿔왔던 세상에 가까워지는 듯했지만, 조선을 침략하려는 일본군의 등장에 동학농민군의 바람은 산산조각이 나고 맙니다. 위기에 빠진 나라를 지키려는 두 번째 봉기는 동학농민군의 당연하고도 유일한 선택이었습니다.

"이 전쟁의 승패를 나는 알지 못하오. 하나 내가 한 가지 확실한 것은, 우리가 싸우지 않으면 문명의 탈을 쓴 야만인들에게 우리가 지배당할 거란 사실이오."

-SBS 드라마 〈녹두꽃〉(2019)

1894년 한 해 동안 이어진 동학농민혁명은 조선 왕조에 대한 농민들의 정치 혁명에서 출발해 반봉건 반외세를 외친 혁명이자 항일 무장 투쟁으로 나아갔습니다. 하지만 일본군의 강력한 신식 무기 앞에서 농민군은 무참히 쓰러졌고, 결국 백성들이 원했던 세상은 완성되지 못했습니다. 패배한 동학농민군은 폭도이자 반란군으로 불렸고, 대부분 그 자리에서 처형당했습니다. 또한 처형을 피한 이들은 혁명에 가담했다는 이유로 모든 재산을 빼앗기고, 가족들과 고향을 떠나 숨죽이며 살아야 했지요.

그 누구도 동학농민혁명에 가담했다고 말할 수 없었습니다. 가혹한 현실의 굴레는 그들의 후손에까지 이어져 어떤 이도 동학농민군 이야기를 꺼낼 수 없었지요. 사회 질서를 어지럽혔다며 "동비의 난", "동학란"이라고 불리기까지 했으니까요.

동학농민혁명이 지금의 이름으로 불린 지는 그리 오래되지 않았습니다. 2004년, 정부는 기존 제도를 깨뜨리고 신분 해방을 주장하며 새로운 세상으로 나아가고자 했다는 점을 인정하며 '동학농민혁명'을 공식 명칭으로 지정했습니다. 동학농민혁명기념재단의 노력으로 무명의 동학농민군도 제 이름을 찾아 2만 3913명(2024년 기준)이 세상 밖으로 나왔습니다.

어둠에 가려져 있던 그들의 시간은 완산 아래에서도 다시 흐르고
있습니다. 풍남문 북쪽 길을 따라 5분 정도 걸어가면 전라도의 주요
관청이었던 전라감영이 모습을 드러냅니다. 6·25전쟁 당시 불에 타
없어졌던 전라감영은 70여 년 만에 일부가 복원되었습니다. 입구에
들어서자마자 보이는 전라감사의 집무실인 선화당을 보고 있으면,
전라감사 김학진과 전봉준이 전주화약을 맺는 모습이 그려지는 듯

동학농민군의 기록물과 관련 도서를 만날 수 있는 파랑새관.

합니다.

또한 전주완산도서관 옆에 자리한 전주동학농민혁명 파랑새관에서는 꿈과 희망을 향해 날아갔던 동학농민혁명군의 이야기를 만날 수 있습니다. 그곳에는 동학농민혁명의 과거 기록물부터 이를 소재로 한 다양한 문학 작품까지 전시되어 있죠. 평범했던 그들은 그저 사람답게 사는 세상을 위해 뭉쳤고, 함께 외쳤습니다.

"죽이고 밥이고 아침이고 저녁이고 도인道人이면 서로 도와주고 서로 먹으라는 데서 모두 집안 식구같이 일심단결이 되었습니다."

–홍종식, 〈70년 사상의 최대활극 동학란실화〉, 《신인간》, 1929년 4월호

이들의 외침은 많은 기록으로 남아 있습니다. 동학농민군의 편지와 포고문, 견문 기록물뿐만 아니라 조정의 공문서와 보고서, 진압했던 관군들의 기록물까지, 그날의 이야기는 총 185건의 문서로 전해집니다. 백성이 주체가 되어 자신의 자유와 평등을 위해 앞서 나간 역사의 증거이자, 여러 주체의 다양한 관점을 느낄 수 있는 문서인 동학농민혁명 기록물은 2023년 유네스코 세계 기록유산으로 등재되었습니다.

그들이 흘린 피와 땀, 눈물은 새로운 혁명으로 태어났습니다. 1895년 을미의병을 시작으로 외세의 침략에 맞서 싸운 항일의병운동은 동학농민혁명에서 뻗어져 나왔습니다. 일제에 저항하고 독립

을 외친 3·1만세운동의 민족 대표 33인 중에는 동학농민혁명에 참여했던 9명이 있었습니다. 동학농민군이 외쳤던 새로운 세상으로의 변화는 실패가 아닌 시작이었습니다.

가이드 S

전주 추천 스폿 **전주동학농민혁명 파랑새관**	주소	전주시 완산구 곤지산 4길 12
	찾아가기	풍남문에서 도보 약 15분
	운영 시간	10:00~18:00
	휴관일	월요일
	입장료	무료

동학년 곰나루의 그 아우성, 공주 우금치전투

민중 시인 신동엽의 시 〈껍데기는 가라〉에 "동학년 곰나루의 그 아우성만 남고, 껍데기는 가라"라는 구절이 있습니다. 농민군이 가장 처절하게 싸웠던 최후의 격전, 우금치전투를 기린 이 시에서 '동학년'은 동학농민혁명을, '곰나루'는 공주의 옛 이름을 뜻합니다. 또한 '치峙'는 고개라는 뜻으로, 우금치(우금티)는 부여에서 공주로 가는 길목의 언덕을 이르는 말입니다. 이 고개만 넘으면 서울로 진격하는 것이었기에 우금치는 농민군에게 마지막 보루와도 같았습니다.

1894년 9월, 조선을 차지하려는 일본군의 내정 간섭에 맞서 전봉준은 척양척왜를 외치며 동학농민군을 다시 일으켰습니다. 수천에서 수만 명에 달하는 농민군은 삼례에서 논산을 지나 서울로 진격했고, 이를 막기 위해 조선 관군과 일본군의 연합 군대는 세 부대로 나뉘어 충청도, 전라도, 경상도로 내려가고 있었습니다. 이들은 공주를 앞에 두고 대치 상태에 들어갔습니다.

그리고 음력 11월 8일, 우금치에서 연합군과 농민군의 전투가 시작됩니다. 농민군은 수적으로 우세했지만, 결과는 참담했습니다. 농사일을 하던 백성들이 훈련된 병사들과 싸운다는 것은 처음부터 불가능한 일이었을지도 모릅니다. 칼과 죽창을 주무기로 사용하고 사정거리가 짧은 화승총을 다루는 농민군에 비해 일본군은 최신 무기로 무장한 정예 병력이었습니다. "시체가 쌓여 산에 가득하였다"라는 말처럼 우금치를 오르던 농민군은 고개를 넘지 못하고 하나둘 쓰러지며 죽음을 맞이했습니다. 2만여 명의 사상자가 나올 정도로 피해가 컸던 농민군이 서울 진격을 포기하면서 결국 동학농민혁명은 막을 내립니다.

우금치 전적지에 가면 우금치에서 유명을 달리한 동학농민군을 위로하는 동학혁명위령탑과 돌탑들을 볼 수 있습니다. 각 지역의 동학 단체와 공주 시민 등 220명의 글자로 새긴 〈다시 살아나는 우금티〉 시비는 동학농민군을 기억하려는 이들의 마음으로 가득 차 있습니다.

2부

지식 가이드와 떠나는
팔도강산 역사 투어

朝鮮
Day Tours to Joseon

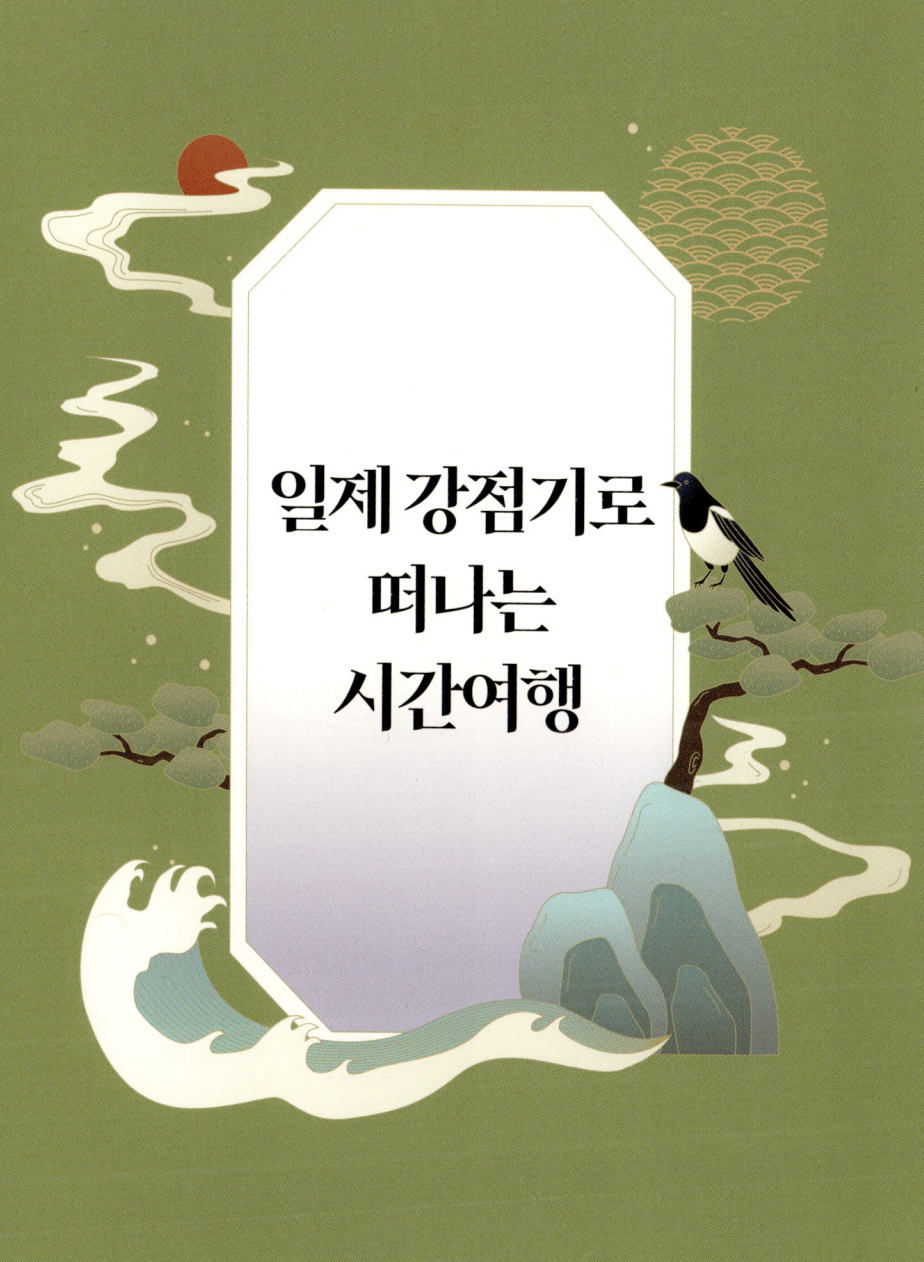

일제 강점기로
떠나는
시간여행

여정 06

인천 × 개항장

일제 강점기의 신도시, 개항의 빛과 그림자

오늘날 인천광역시는 인구가 300만 명에 이르는 대도시이자 아시아에서도 손
꼽히는 항구도시입니다. 사실 구한말 이전까지 인천은 작은 어촌 마을에 불과
했습니다. 바다와 가깝지만, 항구도시로 성장하기 어려운 악조건을 가지고 있
었지요. 그런 이곳이 생명력을 갖기 시작한 건 1883년 '인천 개항'부터입니다.
작은 어촌 마을이 천지개벽과도 같은 변화를 맞으며 전례 없던 근대 신도시로
변모한 것이죠. 폭풍과도 같았던 개항의 시기를 찾아 인천의 옛 중심, 개항장으
로 떠나봅니다.

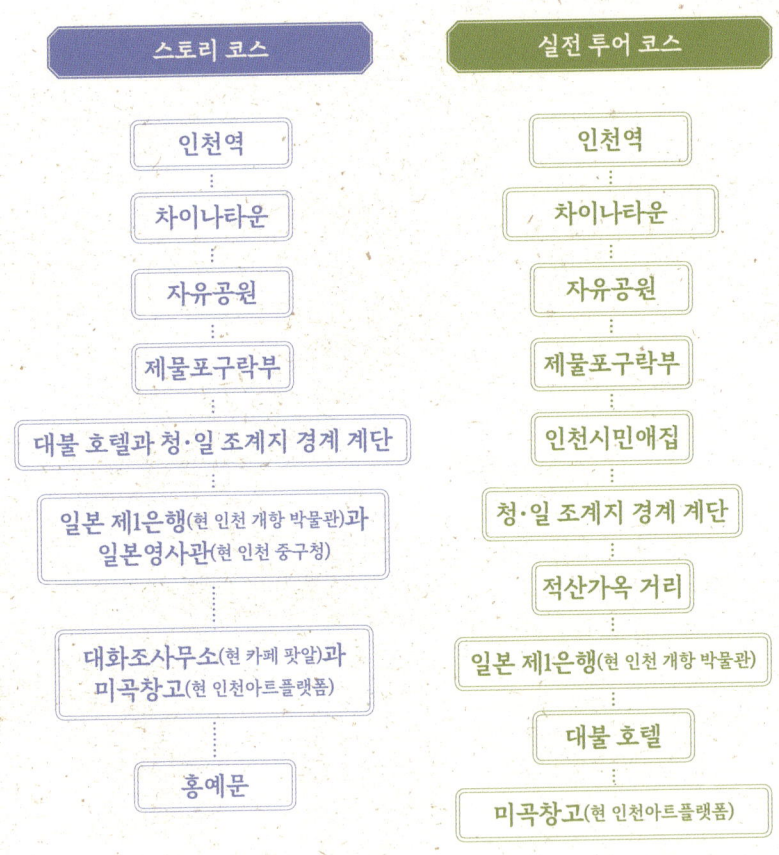

스토리 코스	실전 투어 코스
인천역	인천역
차이나타운	차이나타운
자유공원	자유공원
제물포구락부	제물포구락부
대불 호텔과 청·일 조계지 경계 계단	인천시민애집
일본 제1은행(현 인천 개항 박물관)과 일본영사관(현 인천 중구청)	청·일 조계지 경계 계단
대화조사무소(현 카페 팟알)과 미곡창고(현 인천아트플랫폼)	적산가옥 거리
홍예문	일본 제1은행(현 인천 개항 박물관)
	대불 호텔
	미곡창고(현 인천아트플랫폼)

정보

지하철 ----
주요 도로
일반 도로
보조 도로
공원, 녹지
바다

인천역

차이나타운

존스턴 별장 터
(현 한미 수교 백주년 기념탑)

자유공원

세창양행 터
(현 자유공원 맥아더 장군 동상)

홍예문

제물포구락부

청·일 조계지
경계 계단

인천시민애집

대화조사무소 (현 카페 팟알)

대불 호텔
적산가옥 거리

일본영사관
(현 인천중구청)

오례당 저택 터 (현 동국빌리지)

인천감리서
(현 스카이타워
아파트)

일본 제1은행(현 인천 개항 박물관)

미곡창고
(현 인천아트플랫폼)

개항로

인천항 제1부두

신포역

인천항 여객터미널

0   100m

N

우리나라 최초의 철도,
경인선의 시작

인천역 1번 출구로 나가면 기차 모양의 석조물이 보입니다. 석조물에는 "한국철도 탄생역"이라는 문구를 새겨, 국내 최초 철도이자 서울과 인천을 이은 경인선의 발상지임을 기념하고 있습니다.

19세기 후반, 조선은 철도의 필요성을 깨닫고 자력으로 철도 건설을 하려 했으나 자금과 기술 부족으로 번번이 좌절됐습니다. 이때 열강들은 조선의 철도부설권을 놓고 치열한 쟁탈전을 벌였습니다. 당시 조선은 일본을 견제하고자 미국인 사업가 제임스 모스에게 경인선 철도부설권을 내어줍니다. 하지만 제임스 모스의 자금 조달 실패로 결국 경인선 철도부설권은 일본에 매각되죠.

1899년 9월 18일, 일본 주도로 경인선이 개통되면서 노량진역과

구한말 일제 주도로 개통된 경인선, 그 최초의 정차역인 인천역.

제물포역(현 인천역)이 연결됐습니다. 하지만 그날, 이 땅에 처음 울려 퍼진 기차의 기적 소리는 희망이 아니라 다가올 수탈과 지배의 시작을 알리는 신호에 가까웠습니다.

끝내
인천 바닷길이 열리다

1876년 2월 27일, 조선과 일본은 강화도조약(조일수호조규)을 체결합니다. 이는 국내 최초 근대식 조약이자 불평등 조약으로 평가받고 있습니다.

"부산 외에도 두 곳의 항구를 개항하되 2월부터 계산하여 20개월로 한다."

조약의 제5조항을 살펴보면 체결 즉시 1876년에 부산을 개항하고, 그로부터 20개월 이내에 두 곳의 항구를 더 개항하라는 내용이 있습니다. 하지만 조선은 1880년에 원산, 강화도조약 체결로부터 약 7년이 지난 1883년에야 인천을 개항합니다.

당시 조선 정부는 인천 개항을 끝까지 보류했습니다. 조선의 심장부인 한양과 너무 가까운 인천의 지리적 특성 때문이었죠. 특히 인천항에서 마포나루까지 배가 들어오는 데는 반나절이면 충분해 인천항을 열어준다는 것은 대문을 열어주는 꼴이었습니다.

그러나 현실은 녹록지 않았습니다. 1882년 임오군란이 일어난 것이죠. 근대식 군대인 별기군이 창설되자 기존의 구식 군인들은 차별과 밀린 급료 문제를 문제 삼으며 반란을 일으킵니다. 이 사건으로 일본공사관이 불타고 일본 관리가 사망하게 됩니다. 조정은 청나라 군대의 도움으로 반란을 진압했지만, 그 대가로 청과 일본은 각각 인천항을 즉시 개항하라고 요구합니다.

이에 조선은 어쩔 수 없이 인천항을 열고 연이어 미국, 러시아, 프랑스 등 열강들과 수교를 맺게 되죠. 이후로 인천항 일대는 동서양을 막론한 외국인들의 거류지가 형성되며 '국내 최초 국제도시'라는 명망을 얻습니다. 그러나 그 영광의 시작은 조국 조선을 위한 것이 아니었습니다.

차이나타운,
청국 상인을 품다

우리나라 최초의 국제도시라는 명성에 걸맞게 인천역 바로 앞에는 차이나타운이 있습니다. 개항장 일대에 약 14만 평의 외국인 거류지가 형성되었고, 그중 청국 상인들의 거류지가 차이나타운으로 이어진 것이죠. 이곳에 터를 잡은 청국 상인들은 1930년대 초반까지 왕성한 활동을 이어갔습니다. 당시 조선인의 눈에 비친 이들의 모습은 어땠을까요? 재밌게도 그 시절에 만든 노래가 있습니다.

"비단이 장사 왕서방 명월이한테 반해서 / 비단이 팔아 모은 돈 통통 털어서 다 줬어 / 띵호와 띵호와 돈이가 없어도 띵호와 / 명월이 하고 살아서 왕서방 기분이 좋구나 / 우리가 반해서(아하아하아하) / 비단이 팔아도 띵호와"

– 〈왕서방 연가〉

인천 차이나타운의 풍경. 경술국치 이후 일제는 공식적인 청국 거류지를 폐지했다.

"바닷물이 닿는 곳에는 화교가 있다"라는 말이 있습니다. 화교華僑란 외국에서 사는 중국 사람을 일컫는데, 당연히 청국 거류지 사람들도 "화교"라 불렸습니다. 화교들의 삶은 늘 바다와 함께였기에, 안전한 항해와 공동체의 안녕을 기원하는 사당을 세우는 전통이 있었습니다. 이곳 차이나타운에도 중국 사원인 의선당義善堂이 남아 있지요.

하지만 인천 차이나타운은 다른 도시의 차이나타운과는 사뭇 다릅니다. 마을 입구를 상징하는 패루牌樓와 붉은 가로등을 세워 중국의 마을처럼 꾸몄지만, 중국어는 잘 들리지 않습니다. 사실 지금의 차이나타운은 1990년대 이후 새롭게 조성한 상징적인 공간이기 때문입니다.

1910년, 경술국치 이후 일제는 인천 개항장 일대에 있던 각국의 거류지를 폐지합니다. 일부 청국인들은 이곳에 남아 정착했지만, 공식적인 청국 거류지는 사라졌죠. 해방 후 대한민국의 경제 발전 정책 속에서 화교 사회는 배척을 겪었고, 1980년대에는 해체되다시피 했습니다. 그러나 1992년 한중수교가 체결되면서 분위기가 달라집니다. 정부는 수교를 기념하고 관광지로 조성하기 위해, 비교적 중국인이 많이 살고 있던 옛 청국 거류지인 이곳을 공식적인 차이나타운으로 개발합니다.

오늘날 차이나타운 북쪽 끝자락에는 문이 하나 서 있습니다. '선한 이웃이 사는 동네'를 뜻하는 선린문善隣門이 바로 그것입니다. 광복 이후 화교와의 공존을 염원하며 지은 그 바람을 떠올리며 이 땅에 오래 자리한 그들의 이야기를 다시 한번 기억해봅니다.

최초의 근대 공원과 화려한 별장들

선린문을 지나 계단을 오르면, 1888년에 조성한 국내 최초의 서구식 공원인 자유공원에 들어섭니다. 처음 이곳은 "만국공원" 또는 "각국공원"이라 불렸는데, 이름에서 유추하듯 개항장에 정착한 외국인들의 공공 휴식처로 조성했습니다.

공원 정상에는 한미수교 100주년을 기념하는 조형 탑이 세워져 있습니다. 이곳은 과거 영국인 사업가 제임스 존스턴James Johnston의 별장 터이기도 합니다. 제임스 존스턴은 19세기 말에서 20세기 초 인천 개항장에서 활동한 사업가로, 항만 시설 공사로 막대한 부를 쌓은 뒤 개항장에서 가장 높은 언덕 위에 여름 별장을 세웠습니다.

1905년에 완공된 이 별장은 4층짜리 유럽식 석조 건축물로 이 동네의 랜드마크가 되었습니다. 인천에 전기가 공급되기 전이었던 당시에도 자체 발전기를 설치해 밤에도 불을 밝혔다고 전해지죠. 밤마다 윙윙거리는 발전기 소리와 환하게 빛나는 그 건물을 보며 사람들은 "도깨비집", "귀신 나오는 집"이라 수근거렸다고 합니다. 어둠

일본인 거류지 등 인천항 일대의 모습, 〈인천항 사진〉, 국립민속박물관 소장.

제임스 존스턴의 여름 별장이 담긴 〈인천항 각국공원 사진엽서〉, 국립민속박물관 소장.

속에서 달빛에만 의존하던 조선인들에게 그 집은 얼마나 낯설고 놀라웠을까요?

이후로 개항장 언덕 곳곳에 재력과 자신의 문화를 과시하는 외국인들의 화려한 별장이 줄지어 들어섭니다. 자유공원 아래쪽에는 청국 외교관 출신 오례당吾禮堂의 집도 있었습니다. 부동산 투자와 고리대금업으로 큰 부를 이룬 그는 인천 앞바다가 한눈에 내려다보이는 언덕 위에 웅장한 저택을 세웠죠. 지금은 사라져 그 모습을 확인할 수 없지만, 과거 개항장 사진 속에서 중국과 서양의 양식이 어우러진 독특한 건축물을 볼 수 있습니다.

인천 개항장에 가장 먼저 들어선 서양식 건축물은 독일계 무역회사 세창양행의 직원 숙소였습니다. 19세기 말에 지어진 이 건물은 조선에 처음 등장한 서양식 주거 공간이었고, 인천의 도시 풍경이 전통에서 근대로 변화하는 신호탄이기도 했습니다.

그러나 한국전쟁이 발발하면서 개항장 일대는 1950년 인천상륙작전의 폭격을 피할 수 없었습니다. 존스턴 별장을 비롯한 저택 대부분이 사라졌고 화려했던 개항기의 풍경은 그 흔적을 감추게 됩니다. 세창양행의 숙소도 자유공원에 세워진 맥아더 동상 인근에 몇 개의 주춧돌로만 남아 있습니다.

이방인들의 정보 교환소,
제물포구락부

계단 길로 자유공원을 내려가다 보면 오래된 벚나무 사이로 제물포구락부가 보입니다. 근대 개항장의 모습을 간직하고 있어 드라마 촬영지로도 많이 알려진 곳입니다.

'구락부俱樂部'는 사교 모임의 장으로 '서구식 클럽하우스'를 뜻합니다. 자유공원 인근에 외국인들이 모여 사교를 할 수 있도록 만든 곳이었죠. 19세기, 미지의 나라 조선에 당도한 외국인 중 일반 여행객은 극히 드물었을 겁니다. 군인, 사업가, 선교사 또는 권력 계층 등 조선 땅을 향한 뚜렷한 목적을 지닌 사람이 대부분이었겠죠. 그래서 '구락부'의 역할이 중요했습니다. 개항장의 구락부는 조선에 들어온 사람과 조선을 떠나는 사람에게 꼭 필요한 만국의 정보가 활발히 교환되는 곳이었습니다.

그런데 왜 '인천구락부'가 아닌 '제물포구락부'라 했을까요? 여기에는 또 하나의 비밀이 있습니다. 사실 '인천'은 행정 명칭이었고 '제물포'는 포구의 이름이었는데, 사람들은 개항장 일대를 가리켜 친숙한 이름인 '제물포'라 일컬었습니다. 실제로 인천 개항장을 방문했던 외국인들의 기록에도 이곳을 제물포로 표기한 경우가 더 많습니다.

현재도 제물포구락부 내부는 고풍스럽고 묵직한 색감의 목재 탁자와 의자, 화려한 커튼 등으로 꾸며 구락부로 사용된 시절을 재현

1901년 문을 연 '핫한' 사교장, 제물포구락부.

구락부에선 친목 도모뿐 아니라 외교 활동도 치열하게 벌어졌다.

하고 있죠. 인천이 격변하던 그 시기에 이곳으로 모여든 외국인들은 조선의 어떤 정보들을 교환하며 흥미를 느꼈을까요.

영원한 라이벌, 대불 호텔과 이태 호텔

인천을 통해 조선을 찾았던 외국인들의 최종 목적지는 당연히 한양, 지금의 서울이었습니다. 그러자면 긴 항해 끝에 닿은 개항장에서 여독을 푼 뒤 한양으로 출발해야 했겠지요. 그 때문에 개항장은 외국인들을 대상으로 한 관광도시로서의 변화가 불가피했습니다.

1888년 개항장에는 국내 최초로 영어 서비스를 제공하는 서양식 호텔, 대불 호텔이 '그랜드 오픈'을 맞이합니다. 일본인 거류지에 위치한 대불 호텔은 일본인 사업가가 건립해 외국인 선교사, 외교관, 상인들을 주요 고객으로 삼았지요.

수요가 있다면 시장 경쟁이 있었겠죠? 조선을 찾아오는 외국인들이 증가하다 보니 영어 서비스를 제공하는 호텔이 더 생겨납니다. 청국 상인이 운영하며 최고급 시설과 서비스를 자랑한 이태 호텔도 그중 하나였습니다. 지금은 흔적조차 찾을 수 없지만 대불 호텔 옆, 현재 '본토'라는 음식점이 들어선 자리에 있었던 이태 호텔의 시설은 개항장에서도 손에 꼽혔다고 전해집니다.

두 조계지를 가르는 청·일 조계지 경계 계단.

　이태 호텔과 대불 호텔 사이에는 언덕으로 이어지는 계단이 있습니다. 청·일 조계지 경계 계단입니다. 바로 일본인 거류지와 청국 거류지를 구분했던 상징이죠. 계단을 기준으로 대불 호텔은 일본 구역에, 이태 호텔은 청국 구역에 각각 위치했습니다. 경계를 보여주듯 계단의 오른편에는 일본 전통의 석등과 가로등이, 왼편에는 청국 스타일의 석등과 가로등이 놓여 있습니다.

일본 제1은행과 일본영사관, 조선 경제를 주무르다

현재 '개항누리길'이라 이름 붙인 테마 거리는 과거 일본인 거류지였습니다. 이곳에는 개항장의 자금을 유통했던 일본 은행들이 있었죠. 당시에는 은행들이 자리한 이 거리를 "혼마치 거리"라고 불렀는데, 혼마치本町는 '중심'이라는 뜻으로 개항 당시 이곳이 경제와 상업의 중심지였음을 보여줍니다.

지금도 건축물로 남아 있는 일본 제58은행과 제18은행은 인천에서 활동한 일본인 사업가들을 대상으로 금융 지원 업무를 담당했습니다. 현재 일본 제1은행은 '인천 개항의 역사'를 전시하는 인천 개항 박물관이 되었지만, 일제 강점기에는 일본 화폐를 유통하고 조선 화폐 발행에까지 관여한 곳 중 하나로 '정치적 금융기관'이었습니다. 제1은행 건물 내부 가장 깊숙한 곳에는 거대한 금고 공간이 있습니다. 이곳에 조선인들에게서 받은 곡물이 한가득 쌓여 있었다고 전해지는데, 그렇다면 조선인들은 대출을 많이 받았을까요?

물론 제1은행은 조선인에게도 대출을 해줬습니다. 은행은 현금 대출과 현금 상환이 원칙이지만 이곳은 예외였죠. 특히 당시 인천은 개항과 개발로 인해 다른 지역보다 물가가 가파르게 상승했습니다. 조선인들이 생활고에 시달리자 일제는 싼 이자를 앞세워 대출을 장려하는 한편, 현금 대신 쌀과 잡곡, 토지 등으로 채무를 갚을 수 있는

지금은 인천 개항 박물관으로 사용하는 구 일본 제1은행 건물.

물납 상환 방식을 채택합니다. 그리고 이것이 훗날 조선의 쌀 수탈 시스템이 되고 맙니다. 결국 이 은행들은 서민 경제 깊숙이 침투해 식민지 경제를 완성하기 위한 수단이었습니다.

이 모든 시스템을 허가하고 실행할 수 있었던 데는 일본인 거류지의 주인, 일본영사관의 역할이 컸습니다. 당시 일본인 거류지는 치외법권이 적용된 독립 행정 구역, 말 그대로 '작은 일본'이었고, 영사관은 자체 경찰 조직까지 갖춘 강력한 권한의 중심이었습니다. 특히 1905년 을사늑약을 전후로 일본이 조선의 외교권을 빼앗고 보호국을 자처하면서 인천 개항장은 식민 통치의 시작점이 되었습니다.

경술국치 이후 각국의 거류지는 모두 폐지되고, 일본영사관만 남아 이 구역을 독점적으로 지배했습니다.

구 일본영사관 건물은 오늘날 인천 중구청으로 사용하고 있습니다. 1930년대에 증축된 건물은 해방 이후 여러 차례 개조되어 현재의 모습에 이르렀죠. '작은 일본'으로 출발해 결국엔 식민 지배의 기지가 되었던 구 일본영사관. 개항장의 중심, 구 일본영사관 앞에서 시작해 인천항을 향해 곧게 뻗은 도로는 이 구역에서 일본이 가졌던 권력을 보여주는 듯합니다.

개항장의 그림자, 대화조사무소와 미곡창고

인천 중구청 주변에서도 일본풍 거리를 만날 수 있습니다. 일명 '적산가옥 거리'인데, 적산가옥敵産家屋은 일본식 가옥 중에서도 일제 강점기 '적의 재산敵産' 혹은 '적들이 만든 가옥'을 이르는 말입니다. 이 거리에는 옛 모습을 간직한 가옥이 일부 남아 있는데, '대화조사무소' 자리에 들어선 카페 '팟알'도 그중 하나입니다.

개항기에 인천으로 외국 자본이 집중되면서 물가가 급등하자 살 길이 막막해진 조선인들은 일자리가 절실했습니다. 그들이 모여들었던 곳이 지금으로 치면 인력사무소 역할을 한 대화조사무소였습니다.

대화조사무소에서 일거리를 얻은 조선인들은 어디로 향했을까요? 항만 무역이 활발해지면서 인천항을 통한 출납량이 급증하자 일본인 거류지와 인천항이 맞닿은 일대에는 주로 쌀을 보관하는 미곡창고가 대거 들어섰습니다. 지금은 전시·문화 공간으로 활용 중인 인천아트플랫폼 구역입니다. 수없이 늘어선 미곡창고의 규모는 당시 인천항의 찬란했던 번영을 보여주지만, 그 찬란함의 주인이 되지 못한 채 무거운 지게를 지고 버텨야 했던 조선인들의 그림자가 곳곳에 남아 있습니다.

인천항의 영광 뒤로 보이는 것들

자유공원에 올라서면 저 멀리 인천항이 내려다보입니다. 지금은 아시아 최대 규모의 갑문으로 5만 톤급 선박이 입출항할 수 있는 인천의 자랑이죠. 갑문식 도크는 조수 간만의 차이를 조절해서 배를 안전하게 띄우고 정박할 수 있도록 만든 인공 항만 구조물입니다. 사실 오래도록 인천이 발전하지 못하고 작은 어촌마을로 머물 수밖에 없었던 것은 인천 앞바다의 조수 간만 차가 심했기 때문입니다. 인천 앞바다는 바닷물이 빠졌을 때와 들어찼을 때 약 $10m$, 즉 아파트 4층 높이 정도 차이가 나는 것으로 알려져 있습니다. 그러다 보니 규모가 큰 배를 정박할 수 없었고, 월미도에 배를 정박하면 나룻배를 이용해 육지까지 들어가는 이중 하역을 감당해야만 했습니다.

1910년 마침내 한반도를 손에 넣은 일본은 본격적으로 인천항만 개발에 착수합니다. 1911년 아시아 최초로 인천항에 갑문식 도크 설치가 시작됐고, 이 대규모 축항 공사는 단 7년 만에 완공됩니다. 그 시절 얼마나 많은 조선인의 피와 땀, 노동 착취가 자행되었을지 짐작이 가는 대목입니다.

인천항을 바라보고 홍예문虹霓門 왼쪽으로 약 150m 떨어진 곳에 인천감리서가 있었습니다. 지금은 '스카이타워아파트'가 들어선 곳이죠. 당시 감옥 역할을 했던 인천감리서에 수감된 조선인들이 대거 축항 노역장에 동원되었습니다. 그 속에는 백범白凡 김구도 있었습니다.

"아침저녁 쇠사슬로 허리를 마주 매고 축항 공사장에 출역을 한다. 흙지게를 등에 지고 10여 길 높은 사다리를 밟고 오르내린다. 불과 반일에 어깨가 붓고 등창이 나고 발이 부어서 운신을 못 하게 된다."

-김구,《백범일지(상)》(1929)

《백범일지》에는 그가 축항 공사에 동원됐을 때의 고통이 생생히 담겨 있습니다. 그는 온몸이 찢기는 고통을 감당하며 인천 축항 공사를 견뎌냅니다. 인천감리서 터 인근에 가면 백범 김구와 인천의 인연을 기리는 '청년 김구 역사 거리'를 만날 수 있습니다.

1883년 개항과 동시에 인천 개항장의 화려한 근대 역사가 시작되었습니다. 경인선 철도를 이용해 조선 내륙에서 착취한 물자를 "혈문血門"으로 불린 홍예문을 통해 미곡창고로 옮겨 저장하고, 거대한 배가 인천항에 정박해 그 물자를 실어 나르는 인프라가 펼쳐졌습니다. 외국인들은 새로운 시장을 찾아 조선으로 들어와 부를 쌓고, 언덕 위에 성처럼 저택을 짓고 성취감을 누렸습니다.

하지만 항구를 빼앗기고, 자신의 땅이지만 스스로 자유로울 수 없는 구역들이 생겨나고, 외국인들의 부와 권력이 마치 새로운 규칙처럼 작동하던 개항장을 보는 조선인의 마음은 어땠을까요? 개항장의 화려한 변신은 분명 사실이었습니다. 하지만 조선인의 손길이 닿지 않은 곳이 없는 변신 속에 조선을 위한 것은 그 무엇도 없었습니다.

가이드 K

인천 추천 스폿 인천 개항 박물관 (구 일본 제1은행)	주소	인천시 중구 신포로 23번길 89
	찾아가기	인천역 1번 출구에서 도보 약 10분
	운영 시간	09:00~18:00(입장 마감 17:30)
	휴관일	월요일(공휴일과 겹칠 시 다음 날 휴관), 1월 1일, 설·추석 당일
	입장료	성인(19세 이상) 500원
	홈페이지	ijcf.or.kr(인천중구문화재단)

인천과 꼭 닮은 수탈의 상처, 군산항

과거의 흔적을 고스란히 간직한 적산가옥과 건축물 그리고 다양한 볼거리까지. 국내 근대 역사 관광지를 꼽으라면 전라북도 군산을 빠뜨릴 수 없습니다. 일제 강점기 군산의 모습은 '군산 근대화 거리' 주변에 남아 있습니다. 그러나 인천 개항장이 그러했듯, 그 모든 시설 또한 조선의 것은 아니었습니다.

경술국치 이후 일제는 쌀을 일본에 반출하려는 목적으로 한반도의 항구 개발과 철도 건설에 힘썼습니다. 그중 군산항은 고려 시대부터 세금 창고인 조창漕倉이 설치된 쌀 집결지였고, 비옥한 전라도 호남평야의 농산물을 일본으로 실어 나르기에 최적의 위치였죠. 그렇게 일제의 눈에 띈 군산에는 반출을 위한 미곡창고와 세관이 설치됩니다.

1930년대에 군산항에서 반출된 쌀이 한반도 전체 양의 50%에 달했다고 합니다. 호남 세관 박물관(구 군산세관)에 전시된 사진을 보면 반출을 목적으로 군산항 앞에 쌓아둔 쌀가마의 양이 상당했음을 알 수 있습니다. 그 거대한 물량을 체계적으로 관리하기 위해 각종 관공서와 일본은행 건물들이 군산항 인근에 들어섰습니다. 또한 군산 앞바다의 조수 간만 차를 극복하기 위해 간석지를 메우고, 물 위에 띄워 만든 '부잔교浮棧橋'를 설치합니다.

군산항으로 들어온 배가 부지런히 조선의 쌀과 자본을 일본으로 실어 나를수록 조선인들은 더욱 가난해졌습니다. 그렇다면 지금의 군산은 그 상처의 시간을 어떻게 기억하고 있을까요?

군산에는 여행객이 많이 찾는 특별한 사찰이 있습니다. 1909년 일본 승려가 창건해 오늘날까지 이어진 국내 유일 일본식 사찰인 동국사東國寺입니다. 동국사의 대웅전은 에도 시대 쇼군(장군)의 투구를 닮은 지붕이 특징입니다. 이곳에 서 있는 '평화의 소녀상' 뒤에는 참회와 사죄의 글을 새긴 비석이 놓여 있습니다.

"우리는 과거 해외 포교의 역사 속에서 범했던 중대한 과실을 솔직하게 고백하면서 아시아인들에게 진심으로 사죄하며 참회하고자 한다."

–일본 최대 종단인 조동종曹洞宗에서 발표한 '참사문懺謝文' 중

여정 07

서울 × 서촌

애국과 매국, 엇갈린 선택이 교차하는 동네

서울시 종로구 통인동·옥인동 일대

아기자기한 카페와 작은 서점 그리고 옛 정취를 간직한 노포 맛집이 즐비한 서촌. 조선 시대에는 청계천 상류이자 인왕산 기슭에 자리한 이곳을 "상촌上村" 또는 "웃대上垈"라고 불렀습니다. 인왕산에서 내려와 서촌을 가로지르던 물줄기들은 도로 복개 사업으로 사라졌지만 백운동, 청운동, 수성동, 옥류동과 같이 하천 이름을 딴 지명에서 옛 흔적을 찾을 수 있습니다.

'조선 왕조의 시작' 경복궁 서쪽에 자리한 서촌은 일제 강점기 나라를 지키려던 독립운동가와 사리사욕을 채우던 친일파의 시간이 공존했던 공간입니다. 이제 같은 곳에서 다른 길을 걸었던 사람들의 이야기를 따라 서촌을 거닐어보려 합니다.

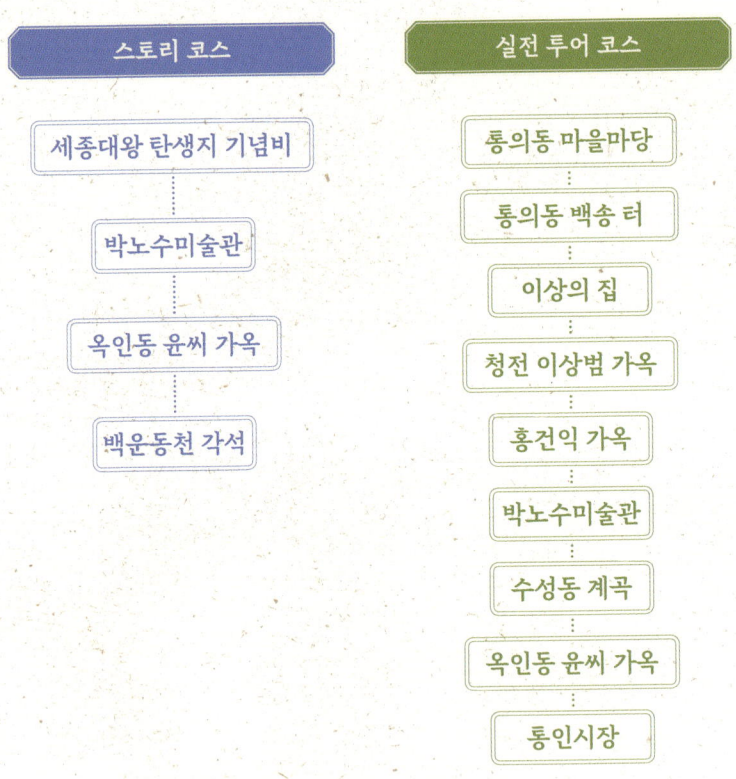

스토리 코스

세종대왕 탄생지 기념비

박노수미술관

옥인동 윤씨 가옥

백운동천 각석

실전 투어 코스

통의동 마을마당

통의동 백송 터

이상의 집

청전 이상범 가옥

홍건익 가옥

박노수미술관

수성동 계곡

옥인동 윤씨 가옥

통인시장

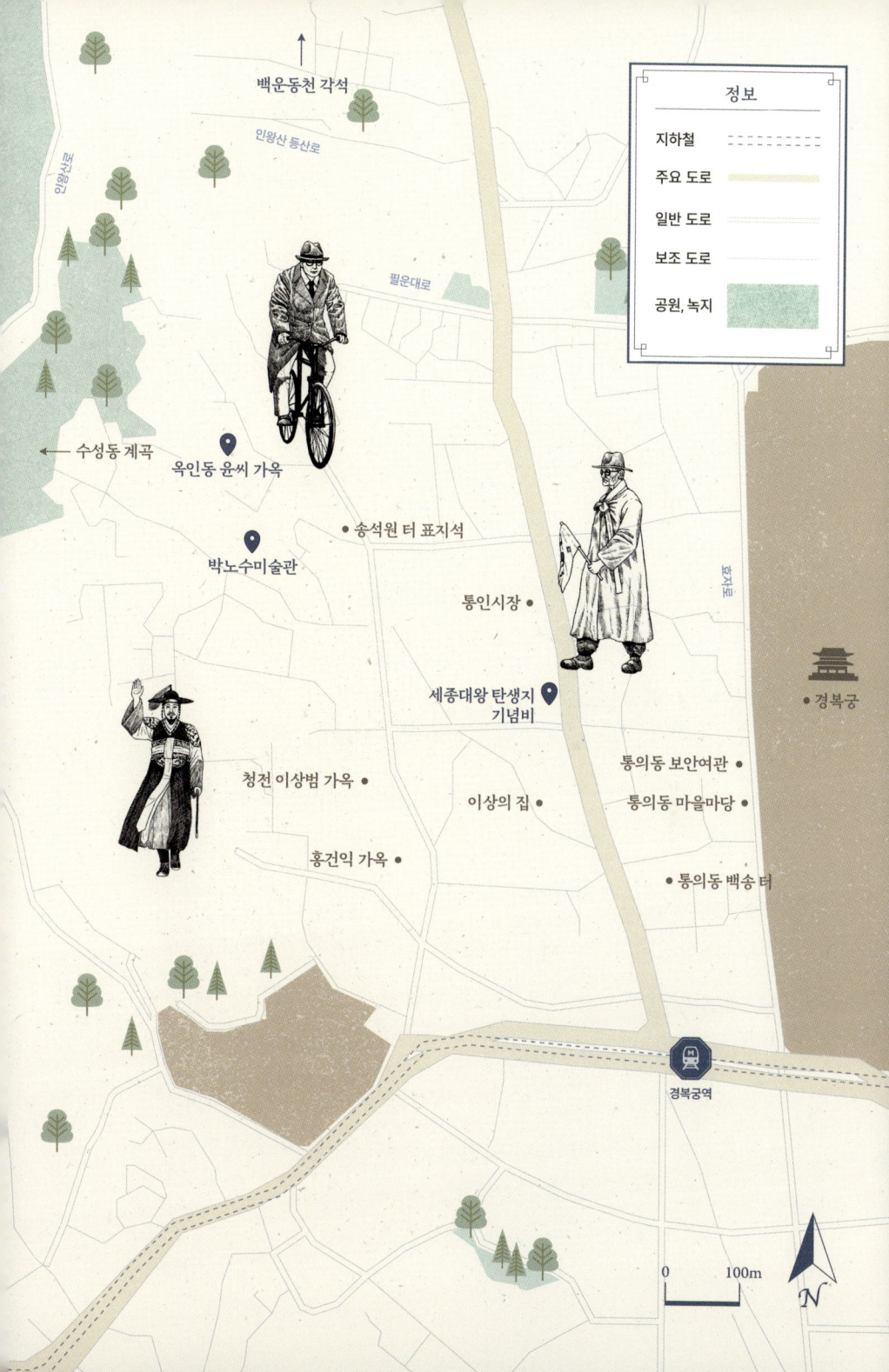

백운동천 각석

인왕산 등산로

필운대로

← 수성동 계곡

옥인동 윤씨 가옥

• 송석원 터 표지석

박노수미술관

통인시장 •

세종대왕 탄생지
기념비

청전 이상범 가옥 •

이상의 집 •

홍건익 가옥 •

통의동 보안여관 •

통의동 마을마당 •

• 통의동 백송 터

• 경복궁

경복궁역

0   100m

N

권력이 지나간 자리,
세종대왕 탄생지 기념비

　조선의 첫 법궁法宮인 경복궁이 지금의 서울에 들어서면서 조선 왕조 500년의 역사가 시작됐습니다. 경복궁 서쪽 동네인 서촌은 궁궐과 가까운 지리적 이점 덕분에 권력과 떼려야 뗄 수 없는 공간이 되었지요.

　서촌은 태조 이성계의 다섯째 아들, 훗날 태종이 되는 이방원으로부터 시작됩니다. 당시에는 왕세자 이외의 대군은 궁 밖에서 거주했는데, 이방원이 정안 대군 시절을 보낸 준수방이 바로 이곳 서촌에 자리했습니다. 이후로 세종이 태어났고, 세종의 첫째 아들 문종과 둘째 아들 세조 역시 이곳에서 태어나며 서촌은 왕가의 숨결이 깃든 특별한 장소가 되었습니다. 현재 이 일대를 세종마을로 조성한 까닭이 여기에 있지요.

조선 후기 영조 또한 서촌의 창의궁에서 대군 시절을 보냈습니다. 경복궁 서쪽 담장을 따라 서촌으로 들어서는 초입에는 창의궁 터를 알리는 비석이 서 있습니다.

조선의 법궁이 창덕궁으로 옮겨가면서 북촌이 권력의 중심지였던 시절도 있었지만, 1860년대 경복궁 중건과 함께 경복궁의 서쪽 문인 영추문 밖에 관아 공사를 진행했고 서촌은 다시 활력을 되찾습니다. 하지만 그것도 잠시, 조선 총독부가 광화문에 들어서자 이곳은 나라를 팔아 권력을 쟁취한 자들의 거처로 전락하고 맙니다.

친일의 역사를 지나 예술가의 집으로, 박노수미술관

서촌에는 붉은 벽돌 외관에 고즈넉한 정원을 품은 특별한 미술관이 있습니다. 바로 한국 현대 회화의 거장 남정藍丁 박노수 화백을 기리는 박노수미술관입니다. 2013년 개관한 이 미술관은 작가의 작업실로 쓰였던 곳을 서울시가 기증받아 완성했습니다. 미술관 입구에는 이 공간의 문화유산 가치를 설명하는 안내문이 있는데, 그중 눈에 띄는 구절이 있습니다.

벽수산장 터를 딛고 선 예술가의 집, 박노수미술관.

"조선 후기 관료이자 친일파로 알려진 윤덕영이 딸을 위해 지었지만…"

'조선의 아방궁' 벽수산장을 아시나요? 사실 이곳은 과거 서촌을 집어삼켰던 친일파 윤덕영의 대저택, 사라진 벽수산장의 일부입니다. 벽수碧樹 윤덕영은 대한제국의 마지막 황후였던 순정효 황후의 숙부입니다. 1904년에 발발한 러일전쟁 이후 내장원 소속으로 대한제국 황실의 재정을 관리하며 권력을 맛본 그는 이듬해 을사늑약으로 대한제국이 외교권을 잃자 노골적인 친일 행각을 시작합니다. 1907년 조카가 황후로 즉위한 뒤 황제의 건강을 담당하는 시종원경에 임명되고 나서는 더 큰 권력을 쥐려 했고, 끝내 넘지 말아야 할 선을 넘고 말았죠.

윤덕영은 1910년 8월 29일 대한제국의 고위 관료로서 조국의 주권을 일본에 넘기는 경술국치에 적극 가담합니다. 그 공로를 인정받아 일본으로부터 엄청난 보상금과 함께 자작 작위를 받을 정도였으니 더 보탤 말이 없지요. 이후로도 황실을 향한 그의 만행은 악랄하기 짝이 없었습니다.

1907년부터 1920년까지 순종을 보필하고 15년간 궁내부에서 근무한 일본인 곤도 시로스케는 자신의 회고록에서, 윤덕영이 고종에게 천황 알현을 강요하며 황실을 괴롭혔다고 기록하고 있습니다. 그의 매국 행위는 같은 친일파들도 혀를 내두를 지경이었다고 하지요.

일제의 비호 아래 막대한 부를 축적한 윤덕영은 조선 총독부와 가까운 서촌에 안전가옥을 지었습니다. 바로 프랑스식 대저택, 벽수 산장의 양관洋館입니다. 응접실 천장에는 대형 유리 수족관을 만들어 금붕어들이 헤엄치고 정원에는 200평에 달하는 연못을 파서 뱃놀이를 즐겼다던 그곳은, 초가집이 즐비한 서촌 땅에 백성들의 고혈을 빨아 치장한 공간이었습니다.

윤덕영이 이곳에서 찍은 것으로 추정되는 사진이 있습니다. 인왕산 아래 바위에 '벽수산장碧樹山莊'이라 새기고 환하게 웃고 있는 사진이지요. 하지만 이 각석刻石이 어디에 있는지는 오리무중인데, 지금은 벽수산장의 양관이 존재하지 않기 때문입니다. 윤덕영의 대저택은 여러 차례 주인이 바뀐 끝에 유엔 한국통일부흥위원회UNCURK의 사무실로 사용되다 1966년에 화재로 건물이 일부 소실된 후 1973년 도로정비사업으로 완전히 철거됩니다.

지속적인 개발로 남아 있던 흔적마저 사라져 모두의 기억에서 잊히는 듯했지만, 1973년 박노수 화백이 벽수산장의 부속 건물을 매입하면서 상황이 달라집니다. 해방 이후 국내에 만연한 일본 화풍에 대항하며 "전통에서 현대적 미감을 구현해낸 작가"로 평가받는 인물이 이곳에 터를 잡은 것이었죠. 작가는 이후 40년간 이곳에 기거하며 친일파의 잔재였던 공간에서 우리의 전통을 담는 작업을 이어갔습니다. 역사의 아이러니가 담긴 이 건물은 1991년 문화재 가치를 인정받아 서울시 문화유산 자료로 등록되었고, 2013년에는 박노수미술관을 열기에 이릅니다.

1926년 벽수산장 양관.

벽수산장 각석. 《서촌: 역사 경관 도시조직의 변화》, 서울역사박물관(2010)에서 발췌.

서촌 곳곳에 남겨진 벽수산장의 흔적들.

곳곳에 남은
욕망의 흔적들

서촌 곳곳에는 벽수산장의 건물들을 비롯해 일제 강점기의 크고 작은 흔적들이 여전히 남아 있습니다. 박노수미술관을 뒤로하고 옥인길을 따라 수성동 계곡 방면 언덕을 오르다 보면, 붉은 벽돌로 지은 3층짜리 건물을 만나게 됩니다. 이곳은 일제가 조선의 자원을 수탈하고 경제권을 착취하려 설립한 동양척식주식회사 인부들의 숙소로 알려져 있습니다.

동양척식주식회사 인부 숙소로 추정되는 건물(가운데).

옥인길 끝에 있는 옥인제일교회를 지나 '필운대로 9가길 7-9번지'를 찾아 내려가면 벽수산장의 일부였던 옥인동 윤씨 가옥이 등장합니다. 윤덕영이 소실小室을 위해 지은 이 한옥은 지대가 높아 경복궁이 한눈에 내려다보입니다. 대한제국의 신하였으나 신의를 저버리고 첩과 함께 궁을 내려다보는 삶을 산 것이지요.

소실을 위해 지은 집이었으나 이 한옥엔 윤덕영의 위세를 짐작할 수 있는 요소들이 곳곳에 자리합니다. 특히 안채 처마 아래 공포栱包 장식은 조선 왕실에서 볼 수 있는 화려한 형태로 당시 상류층 한옥의 위용을 보여줍니다.

조선 왕실을 흉내낸 옥인동 윤씨 가옥의 처마 공포 장식.

2부 · 일제 강점기로 떠나는 시간여행

현재 가옥 내부로 들어갈 수는 없지만, 남산 한옥마을에서 그 모습을 똑같이 재현한 한옥을 만날 수 있습니다. 한국전쟁 이후 방치되었던 이곳은 2022년 말 서울시가 매입해 '부정적 문화유산'으로 새 단장 프로젝트를 준비 중입니다.

역사를 굽어보는 인왕산 치마바위

서촌에 똬리를 틀었던 인물들 중에는 이완용도 있었습니다. 그는 윤덕영 다음으로 서촌에서 많은 땅을 차지했는데, 그의 저택과 사유지는 당시 서촌에서도 호화로움으로 이름을 떨쳤습니다. 서촌의 명물인 지금의 통인시장과 그 일대 약 4000평의 부지가 그의 소유였을 것으로 추정하고 있습니다.

친일 인사들이 서촌에 터를 잡았던 또 다른 이유가 있습니다. 서촌을 두르고 있는 인왕산은 기세가 강하고 양陽의 기운이 넘쳐 "엎드려 수도를 지키는 호랑이 형상"이라고도 표현합니다. 왕기王氣가 모이는 곳으로 알려져 권력자들도 탐내던 땅이었지요. 이를 증명하듯 서촌 어디에서나 인왕산을 볼 수 있는데, 특히 수직에 가깝게 깎아지른 기암절벽과 치마바위는 웅장함과 신비로움을 자아냅니다.

하지만 이 웅장한 경관에도 일제의 그림자가 드리워졌습니다.

1939년 대일본청년단대회를 기념한다며 치마바위에 '동아청년단 결東亞靑年團結' 등의 글씨를 새긴 사건입니다. 1937년 중일전쟁이 발발하자 일본은 대륙 침략의 자원으로 조선의 청년들을 징집하기 위해 경성의 중심 어디에서나 잘 보이는 치마바위에 문구를 새긴 것이었죠. 정화 작업을 거치며 지금은 희미해졌지만, 그들의 만행은 역사에 깊이 새겨졌습니다.

홀로 깨어 있는 자, 백운동천의 김가진

서촌을 가로지르는 자하문로를 따라 북쪽으로 오르다 보면 부암동과 서촌을 잇는 통로이자 영화 〈기생충〉의 촬영지로도 널리 알려진 자하문 터널이 나옵니다. 터널 위에 자리한 백운동 계곡은 도시 개발로 본래의 모습을 잃었지만, '백운동천白雲洞川' 각석을 통해 이곳에 물줄기가 흐르고 있었음을 짐작할 수 있지요.

'하늘과 맞닿은 하얀 구름'이라는 이름이 당시에 얼마나 아름다운 풍경을 품었을지 짐작케 합니다. 바위에 이 이름을 새긴 사람은 대한제국의 고위 관료, 동농東農 김가진입니다. 그는 1886년 관직에 올라 외교관으로 활동하며 급변하는 개화기 조선을 지키고자 노력했고, 1894년 갑오개혁 때는 군국기무처의 의원으로서 각종 개혁안

각석에 새긴 김가진의 단정하고 웅건한 글씨.

의 기초를 마련한 인물입니다. 그는 59세가 되던 1904년 고종으로부터 백운동천 인근 터를 하사받아 백운장이라는 집을 지었는데, 그 아름다움이 장안의 으뜸이라는 소문이 자자했지요.

하지만 평생을 성실히 관직에 임한 그에게도 크나큰 시련이 닥칩니다. 1905년 을사늑약과 1907년 정미7늑약丁未七勒約을 막지 못해 큰 좌절에 빠졌지요. 이듬해에는 관직에서 물러나 대한협회 회장직을 맡아 친일 단체인 일진회에 맞서며 계몽교육에 힘썼지만, 1910년 경술국치로 조국을 일제의 손아귀에 내주고 말았습니다.

그 이후는 짐작하듯 상실의 날들이었습니다. 그는 나라를 빼앗겼듯 대한제국으로부터 하사받은 백운장을 잃었고, 일제가 주는 작위를 억지로 받아야만 했습니다. 그렇게 울분을 삼키며 지내온 끝에 1919년, 마침내 이 땅에 독립을 향한 민중의 함성이 울려 퍼집니다.

3·1만세운동은 그를 새로운 길로 이끌었습니다. 1919년 4월, 그는 국내 최대 항일 비밀 결사 조직인 조선민족대동단(이하 대동단)의 총재가 되었고, 이미 75세의 고령이었지만 대한제국의 대신으로서 자신의 몫을 다하기로 결심합니다.

대동단은 일제를 당황케 하는 대담한 시도를 이어갔습니다. 그러나 고종의 다섯째 아들인 의친왕의 망명 계획이 실패하면서 주요 인물들이 투옥되고 맙니다. 국내 활동이 어려워지자 김가진과 단원들은 목숨을 걸고 상해임시정부로 망명길에 오릅니다. 아들 김의한과 함께 경성에서 일산역까지 걸어가 의주행 기차에 올라탄 그의 처절한 마음이 시로 남아 있습니다.

"백성과 나라의 존망 앞에 어찌 이 한 몸 돌볼까
천라지망天羅地網을 귀신처럼 빠져 나왔네
그 누가 알까? 3등 객차 속 저 나그네
깨진 갓에 누더기 걸친 옛적의 대신임을"

–김가진, 〈열차 안에서 쓰다火車中有作〉

2부 · 일제 강점기로 떠나는 시간여행

김가진은 대한제국의 대신이자 일제의 작위를 받은 인물입니다. 고종의 최측근이자 기득권을 상징하는 인물이 상해임시정부에 합류한 것은, "조선의 관료들이 한일합방을 환영했다"는 일제의 거짓 선전을 깨부수는 중요한 증거가 되는 사건이었죠. 그의 망명으로 조선의 독립은 신분을 막론한 모두의 염원임이 확인되었고, 일제는 당혹감을 감추지 못했습니다.

같은 시간, 다른 결심

김가진은 숨을 거두는 날까지 상해임시정부에서 조국의 주권 회복을 위해 사력을 다하다 1922년 향년 77세의 나이로 서거합니다. 상해임시정부는 그가 진정한 어른이자 정신적 지주였음을 고백하며 국장國葬으로 장례를 치릅니다.

그는 일제의 호위를 받는 고위 관료로 살아가는 것을 치욕으로 여기며 사활을 건 투쟁을 펼쳤습니다. 그 결과 대한제국의 대신 중 유일하게 독립운동에 적극 뛰어들었을 뿐만 아니라, 아들 김의한과 며느리 정정화 그리고 손자 김자동까지 3대가 독립운동에 헌신하게 됩니다.

김가진은 명필로 유명한 서예가이기도 했습니다. 그의 힘찬 서체는 황실에서도 인정받아 여러 곳에 새겨졌는데, 서촌의 백운동천 각석뿐만 아니라 창덕궁 후원에 걸린 대부분의 현판 글씨도 그의 필적입니다.

1894년 청일전쟁 이후 조선의 자주 독립을 선언하며 세운 독립문獨立門의 편액 역시 그의 작품으로 추정하고 있습니다. 이 글씨는 한때 독립협회 단원이었던 이완용이 새긴 것으로 알려졌으나, 김가진의 며느리 정정화의 《장강일기長江日記》에는 한자 및 한글 글씨 모두 독립협회의 또 다른 활동가인 김가진의 서체라고 기록되어 있습니다.

김가진의 별장 백운장 터에 서서 과거를 추억하다.

한때 이완용과 김가진은 함께 자주 독립을 외치던 개화파였습니다. 그러나 조국이 위험에 빠진 순간 그들은 전혀 다른 선택을 하게되죠. 친일파와 독립운동가로 극명히 갈린 두 사람의 운명이 독립문 위에서 함께 거론되는 상황이 아이러니합니다.

김가진이 떠난 후 백운장은 요정料亭이 되었다가 광복 후 부통령 관저로 쓰였고, 1962년 예수 그리스도 후기 성도 교회가 매입해 현재에 이르렀습니다. 지금은 각석과 석조물이 전부지만, 이곳에 맑은 삶을 살았던 이가 있었음은 바위에 남은 그의 글씨처럼 선명히 우리 가슴에 새겨져 있습니다.

(가이드 K)

서촌 추천 스폿 **박노수미술관**	주소	서울시 종로구 옥인 1길 34
	찾아가기	경복궁역 2번 출구에서 수성동 계곡 방향으로 도보 약 15분
	운영 시간	10:00~18:00(입장 마감 17:30)
	휴관일	월요일, 1월 1일, 설·추석 당일
	입장료	성인 3000원, 청소년 1800원, 어린이 1200원
	홈페이지	www.jfac.or.kr(종로문화재단)
	인스타그램	paknoo.artmuseum

조선 '골목 문학'의 핫플레이스, 송석원 일대

서촌은 예술과 문학이 어우러져 다양한 감성을 자극하는 동네입니다. 고즈넉하면서도 현대적인 이곳만의 자유로운 분위기를 찾아온 사람들로 언제나 붐비는 서울의 대표적인 핫플레이스이지요.

이러한 서촌 특유의 분위기가 오래전부터 시작되었다는 사실을 아시나요? 그 중심에는 송석원이 있었습니다. 송석원은 18세기 말 위항 시인 천수경을 중심으로 중인 계층의 문인들이 모인 문학 살롱이자 시사詩社였지요. 인왕산 아래 옥류천 근처, 소나무와 바위가 어우러진 이곳 송석원에서 문인들은 시를 짓고 나누며 예술혼을 꽃 피웠습니다.

'골목에서 피어난 문학'이라는 뜻이 담긴 위항문학委巷文學은 양반과 상민 사이, 중간 계층이었던 중인中人을 주축으로 생겨난 문학 장르입니다. 중인은 역관, 의관, 화원처럼 기술직이나 실무직에 종사하는 지식인들로 그중에는 첩의 자식인 서얼庶孽도 포함됐죠. 다시 말해 송석원은 실력은 갖췄으나 신분 제한으로 그 뜻을 펼칠 수 없었던 이들의 든든한 뿌리였습니다.

이들은 인왕산 옥류천 아래 자리한 송석松石에 모여 시를 겨루는 백전白戰을 열기도 했습니다. 모임에 초대받지 못한 시인은 수치심을 느낄 정도였다고 하니 그야말로 시대의 불의를 논하는 '핫플'이었던 셈이죠. 추사秋史 김정희도 그들의 문학 모임을 존경해 바위에 '송석원松石園'을 각석했다고 알려졌으나, 지금은 길가의 비석으로 그 흔적을 확인할 뿐이라는 사실이 안타깝습니다.

송석원의 자유로운 기운 탓인지 이후로도 서촌에는 예인들의 발길이 끊이지 않았습니다. 천재 시인 이상이 머물던 '이상의 집'을 비롯해 동양 산수화의 대가 청전靑田 이상범 가옥, 시인이자 소설가 노천명의 생가 터, 윤동주가 머물렀던 하숙집까지 당대 예술가들의 흔적을 곳곳에서 찾을 수 있지요. 서정주, 김동리, 오장환, 김달진 등 젊은 문인들이 머물다 간 통의동 보안여관 또한 그 의미를 인정받아 원형을 보존하며 문화 전시 공간으로 운영되고 있습니다.

광주 × 최흥종

장터 건달에서 시대의 어른으로, 한 자유인의 일생

"인생은 초콜릿 상자와 같은 거야. 네가 무엇을 고를지 아무도 모른단다."

- 영화 〈포레스트 검프〉(1994)

주인공 포레스트 검프가 미국의 굵직한 현대사를 관통해 가는 영화 〈포레스트 검프〉. "걸인과 나병 환자의 아버지"라 불리는 광주 최초의 목사 최흥종(1880~1966)의 이야기를 들었을 때, 그 삶이 마치 포레스트 검프 같다는 생각이 들었습니다. 깡패, 일제 순검, 목사, 독립운동가, 나병 환자 구호사업가, 교육자. 이 다양한 수식어는 격동의 시대, 최흥종이 꺼내 먹은 초콜릿 리스트입니다. 구한말부터 일제 강점기까지, 다양한 빛고을 광주를 맛본 사람. 최흥종의 초콜릿 상자 속에는 어둡던 광주를 밝힌 빛의 경로가 담겨 있습니다.

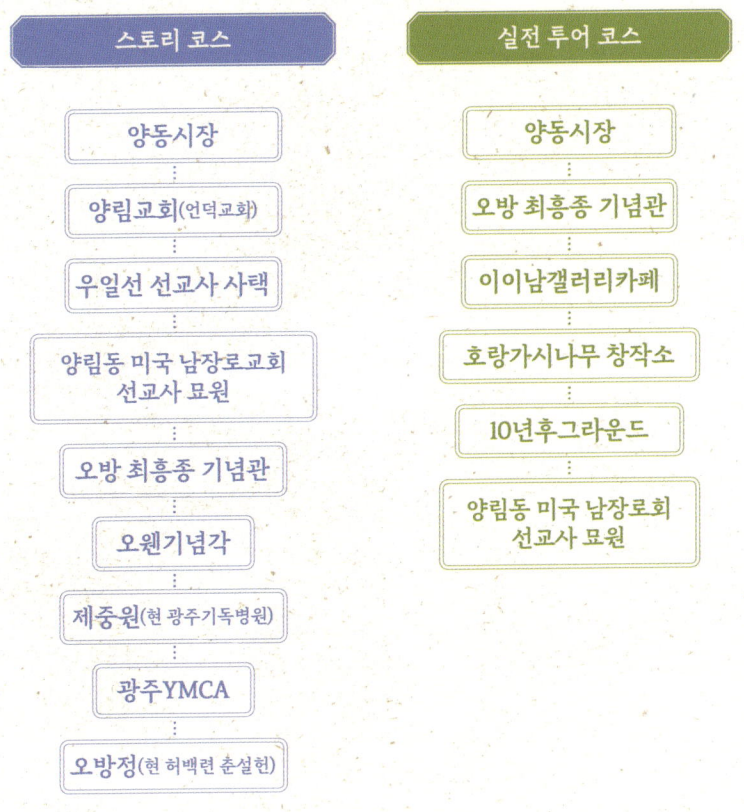

스토리 코스	실전 투어 코스
양동시장	양동시장
양림교회(언덕교회)	오방 최흥종 기념관
우일선 선교사 사택	이이남갤러리카페
양림동 미국 남장로교회 선교사 묘원	호랑가시나무 창작소
오방 최흥종 기념관	10년후그라운드
오웬기념각	양림동 미국 남장로회 선교사 묘원
제중원(현 광주기독병원)	
광주YMCA	
오방정(현 허백련 춘설헌)	

양동시장 ←

광주YMCA ↗

사직길

서서평길

양림천

뽕서로

📍 오방 최흥종 기념관

📍 양림동 미국 남장로교회
선교사 묘원

● 이이남갤러리카페

● 10년후그라운드

📍 우일선 선교사 사택

오웬기념각 📍
양림교회(언덕교회) 📍

● 호랑가시나무 창작소

광산로

제중원 📍
(현 광주기독병원)

오방정
(현 허백련 춘설헌) ↘

제중로

0　　　　100m

N

장터 건달과
이방인 선교사

'부동방 장터'는 광주광역시 대표 시장 중 한 곳인 양동시장의 옛 이름입니다. 과거 이곳에는 정해진 일자마다 장이 서곤 했는데 1896년, 이곳은 '망치 출몰 지역'이었습니다.

'망치'는 이 근방 대표 주먹의 별명입니다. 장날이면 친구와 결탁해 사람들로부터 술값을 뺏기 일쑤였죠. 일찍 어머니를 여의고 엄한 계모 밑에서 자란 망치는 계모에 대한 반항심으로 부랑아들과 어울리며 한때의 즐거움을 위해서라면 폭력도 서슴지 않았습니다. 그런 망치가 배유지를 만난 것은 1904년의 일입니다.

배유지의 본명은 유진벨Eugene Bell인데, 외국 이름을 한국식으로 부르다 보니 '배유지'가 되었습니다. 그가 새로운 이름을 써야 할 정도

장터 주먹 '최망치', 옛 양동시장을 누비다.

로 머나먼 타국에 온 이유는 주님의 말씀을 전하기 위해서였습니다.

1895년에 조선 땅을 밟은 선교사 유진벨은 1904년 기독교 불모지였던 광주에 도착합니다. 당시 유진벨을 비롯한 선교사들은 누구 하나 넉넉한 상황이 아니었습니다. 땅값이 조금이라도 더 저렴한 곳을 찾던 그들의 눈에 띈 동네가 있었습니다. 수풀이 잔뜩 우거지고 광주천을 경계로 도심과 떨어져 있어 비가 많이 오면 고립되는 양림동 산기슭이 그곳입니다. 이곳은 역병으로 사람이 죽으면 시신을 내다 버릴 때나 한번 올까 말까 한 풍장터라 집값이 저렴했죠. 유진벨을 시작으로 선교사들은 하나둘 양림동에 서구식 사택을 짓기 시

"마당교회"로 불리는 양림교회.

작했습니다.

아기 귀신이 나온다는 소문이 돌던 양림동에 찬송가가 처음 울려 퍼진 날은 1904년 12월 25일이었습니다. 이 장소는 유진벨의 사택이었고 훗날 양림교회의 모태가 됩니다. 현재 양림동에는 3개의 양림교회가 있는데, 주민들은 각 교회의 특징에 따라 "언덕교회", "계단교회", "마당교회"로 구별해 부릅니다. 그중 가장 먼저 생긴 언덕 위 양림교회는 "윗교회"라고도 하지요.

풍장터에 세워진 예배당 하나로 인해 훗날 한 동네에 같은 이름의 교회가 3개나 생길 줄 누가 알았을까요. 고립된 이곳에 목회자를 양성하는 호남신학대가 들어설 거라는 것 역시 당시에는 아무도 몰랐을 테지요. 놀라운 일은 이것만이 아닙니다. 1904년 12월 25일, 아기 예수의 탄생을 축하하던 인파 속에 섞여 있던 망치가 신앙의 상징으로 다시 태어날 줄은 또 누가 알았을까요.

망치에서
최흥종으로

어느 날 조선인 김윤수가 망치에게 양림동으로 예배를 드리러 가자고 제안합니다. 망치는 흔쾌히 따라나섰지요. 그 이유는 선교사들이 가지고 있다는 '소리가 나는 상자'를 직접 보고 싶었기 때문이었습니다. 그러나 그날 그에게 소리 상자보다 큰 충격을 준 것은 타인에게 사랑을 실천하는 종교인들의 자세였습니다. 사랑 없이 자라 사랑을 베푼다는 건 생각조차 할 수 없었던 망치가 종교에 눈을 뜬 순간이었죠.

유진벨에게 세례를 받고 기독교인이 된 망치는 배유지가 된 유진벨처럼 이름을 바꾸기로 결심합니다. 그가 본명인 최영종崔泳琮이 아닌 최흥종崔興琮으로 살게 된 것이 바로 이때부터였습니다. 악명 높던 망치가 새롭게 태어나려면 이름 석 자 바꾸는 걸로는 안 되겠지요. 그의 생활도 달라집니다. 입에 달고 살던 술과 담배를 끊고 깡패 생활도 청산합니다.

이즈음 김윤수가 최흥종에게 일자리를 알선해줍니다. 오늘날의 행정 경찰쯤 되는 광주 경무청 소속 순검직이었습니다. 새롭게 태어났다고는 하나, 어떻게 건달이 하루아침에 경찰이 될 수 있을까요. 이는 기울어가던 조선을 보여주는 암시가 아닐 수 없습니다.

1905년, 친일파 대신들에 의해 강압적으로 체결된 을사늑약으로 대한제국은 외교권을 빼앗기고 맙니다. 이에 분노한 평범한 백성들은 의병이 되어 항거했고, 경무국의 순검들은 이들을 범죄자로 간주하며 체포에 나섰습니다.

'나의 안위를 위해 의로운 일을 하는 이들을 잡아넣는 게 맞을까.' 최흥종은 고심 끝에 의병 검거 작전 중 몰래 이들을 탈출시킵니다. 조선인 순검이 참여한 작전이 두 차례나 실패하자, 이를 의심하던 일제는 최흥종에게 광주 국채보상운동 본부에 걸린 간판을 떼어오고 주도자를 잡아오라는 명령을 내립니다. 또 한 번 선택 앞에 놓인 최흥종은 간판 대신 사직서를 내밀며 순검 생활을 접습니다.

언어와 의료 교환의 장, 제중원

사직서를 낸 그에게 새로운 제안을 건넨 사람은 "우일선"이라 불리던 선교사 윌슨R.M.Wilson이었습니다. 그는 오늘날 광주기독병원의 전신인 제중원에서 사역하는 의사이기도 했지요. 양림동에 남은 선교사 사택 중 가장 오래된 곳이 1920년대에 지은 것으로 추정되는 우일선 사택입니다.

미국인 우일선이 조선인을 진료하며 유창한 한국말을 구사하기는 쉽지 않았겠지요. 한글 공부의 필요성을 절감한 그가 최흥종에게 언어를 가르쳐주는 조수 역할을 해달라고 부탁합니다. 그렇게 최흥종은 우일선의 보조로 일하며 서양 의술에 눈을 뜨게 됩니다.

그러던 어느 날, 우일선은 최흥종에게 지금까지와는 다른 부탁을 합니다. 나주 영산포로 가서 목포에서 올라오는 선교사 포사이드W.H. Forsythe를 광주로 모셔오라는 것이었죠. 포사이드가 갑작스레 광주를 방문한 이유는 우일선 선교사 사택 근처에 있는 오웬기념각의

광주 제중원이 모태인 광주기독병원.

주인, 오웬Clement Carrington Owen과 관련이 깊습니다.

　"오기원", "오원"이라고도 불렸던 오웬은 유진벨과 비슷한 시기에 광주행을 결심한 선교사입니다. 의사였던 오웬과 그의 아내는 몸을 아끼지 않고 조선인 환자들을 치료하다 과로로 쓰러져 도통 일어나지를 못하고 있었죠. 포사이드는 친구인 오웬을 살리기 위해 광주까지 달려온 지원군이었습니다.

　영산포에서 포사이드를 만난 최흥종은 한시바삐 광주로 넘어갈 요량이었습니다. 그런데 광주로 가던 도중 두 사람은 길에 쓰러진

의사이자 선교사였던 미국인 우일선의 사택.

나병 환자와 마주했고, 포사이드는 가던 걸음을 멈추고 환자에게 다
가갔습니다.

　당시엔 고름으로 악취가 나고 외형이 흉해지며 신체 일부가 뚝뚝
떨어지는 나병을 신의 형벌로 여겼습니다. 조선인 사이에서도 "문
둥병"이라 부르며 치료는커녕 눈을 마주치는 것도 꺼렸지요. 사실
최흥종은 포사이드를 만나러 가는 길목에서 이미 나병환자 한 명을
모른 척 지나친 참이었습니다.

　그러나 포사이드는 달랐습니다. 아무렇지 않게 환자의 몸을 감싸

광주광역시 유형문화유산인 오웬기념각.

안고 자신이 탄 나귀에 올린 뒤, 광주까지 함께 이동하기 시작했지요. 최흥종이 그의 선택에 놀라고 있을 무렵, 몸이 불편했던 나병 환자가 쥐고 있던 지팡이를 바닥에 떨어뜨렸습니다. 그러자 포사이드는 최흥종에게 지팡이를 주워달라고 부탁합니다.

훗날 최흥종은 고름 묻은 지팡이를 집어드는 일조차 꺼렸던 자신이 무척 부끄러웠다고 회고합니다. 그는 겨우 짜낸 용기로 지팡이를 집어 환자에게 건넸고, 이를 받은 나병 환자가 그를 향해 웃어 보이자 그의 마음에는 큰 물결이 칩니다.

최흥종에게 크나큰 여운을 남긴 그 사건을 뒤로한 채 일행은 마침내 광주에 도착했습니다. 하지만 오웬은 이미 세상을 떠난 뒤였습니다. 오웬이 평소 그의 할아버지를 기리는 병원을 짓고 싶어 했다는 사실을 알게 된 그의 미국 친지들이 오웬을 추모하며 성금을 보

선교사 오웬과 유진벨이 잠든 양림동 미국 남장로교회 선교사 묘원.

내왔습니다. ㄱ 싱금으로 1914년, 양림동에 오웬기념각이 세워졌습니다.

당초 의도했던 병원이 되진 않았지만, 이 공간은 개화기 조선의 문화생활 공간으로 널리 쓰이게 됩니다. 1920년, 광주 최초의 연주회였던 김필례의 피아노 독주회가 열린 장소도 이곳이었습니다.

풍장터였던 양림산 기슭에 선교사들은 교육과 의료, 종교와 문화의 씨를 뿌렸습니다. 삶의 마지막 순간까지 그 싹을 틔우려 애썼던 그들은 지금도 양림산 묘지에 묻혀 예술 공간으로 재조명된 양림동 일대를 바라보고 있습니다.

1200평의 노다지 땅을 광주 최초의 나병원으로

오웬이 떠난 지 2주도 되지 않아 포사이드가 데려온 나병 환자 역시 사망하고 맙니다. 그러나 그만큼의 대우도 받지 못한 채 죽어가는 나병 환자가 너무 많았습니다.

당시 나병은 치료제가 없었습니다. 나병에 걸리면 바이러스의 영향으로 환부의 통증 감각이 사라져 뜨거운 불에 닿거나 상처를 입어도 느끼지 못했다고 합니다. 다쳐도 다친 줄 모르고 지내다 보니 고름이 흐르거나 환부가 떨어져 나가는 일이 비일비재했습니다. 흉한 외관과 악취를 동반한 병세로 인해 나병 환자는 죽을 때까지 고립 속에서 살아가야 했습니다.

포사이드를 통해 나병 환자들이 직면한 문제를 마주한 최흥종은 선친에게 물려받은 본인 소유의 땅 1200평을 광주나병원 설립 부지로 기증합니다. 나병 환자만 받는 병원이 생겼다는 것은 고립된 전국의 나병 환자에게 더없는 희소식이었습니다. 나병 환자들이 구름처럼 광주로 모여들기 시작했습니다.

일제는 이 현상을 불편하게 바라보았습니다. 식민지 조선을 '선진국처럼' 꾸미기에 나병 환자들의 모습은 아름답지 않았으니까요. 일제는 그들이 양지로 나오는 것을 원치 않았습니다. 나병을 치료하는 대부분의 의료인이 선교사라는 점도 한몫했습니다. 선교 의료의 힘이 세지면 일제가 권력을 행사하는 데 어려움이 따를 거라고 판단했기 때문입니다. 그 결과 일제는 광주나병원의 사립병원 허가를 취소하기에 이릅니다.

엎친 데 덮친 격으로 환자들이 몰려들자 반감을 갖는 지역민의 불만도 커졌습니다. 이에 따라 1926년, 광주나병원은 여수로 옮겨가게 됩니다. 하지만 여수라고 그들을 환영할 리 없었습니다. 심지어 조선 총독부는 나병 환자의 씨를 말리겠다며 환자들에게 낙태와 정관수술까지 강요했습니다.

어디서도 사람답게 살아갈 수 없는 나병 환자를 위해, 최흥종은 총독부에 수용 시설이 필요하다고 여러 차례 건의합니다. 하지만 일제는 무시로 일관했죠. 결국 그는 승부수를 두기로 결심합니다. 그가 선택한 강수는 바로 '구라求癩 대행진'이었습니다.

나병 환자를 구하자는 취지로 환자들과 함께 경성의 조선 총독부까지 걸어가기 시작한 것입니다. 첫걸음부터 시작한 환자는 200여 명이었지만 15일 뒤, 경성에 도착할 무렵엔 두 배쯤 많은 환자가 행진을 함께했습니다.

400여 명의 환자와 함께 경성에 나타난 최흥종을 본 일제 총독은 크게 놀랍니다. 그제야 지금껏 묵묵부답으로 일관하던 태도를 바꾸어 나병 환자를 위한 공간을 마련하겠다고 약속합니다. 일본군의 휴양지였던 소록도가 한센병, 즉 나병 환자를 치료하는 국립소록도병원으로 알려지게 된 까닭이 여기 있습니다.

어두운 세상에서
사랑의 빛을 찾아주는 일

최흥종은 나병 환자를 위해 힘쓰는 한편, 목회자의 길을 걷는 데도 소홀히 하지 않았습니다. 1912년 유진벨에 의해 광주 최초의 장로로 임명된 그는 1920년 평양신학교에서 목사 안수를 받습니다. 그가 1920년에야 뒤늦게 목사가 된 이유는 1919년 감옥에 수감됐기 때문입니다.

선교사들은 신의 말씀을 전하겠다는 소명 하나로 머나먼 타국으로 건너와 가장 낮은 곳에서 약자와 함께했습니다. 그렇다면 조국이 도탄에 빠진 상황에서 신의 뜻대로 살아가기로 한 사람은 어떤 선택을 해야 할까요. 깊이 고민하던 최흥종은 낮은 곳으로 가라앉은 조선의 독립에 힘을 보태는 것이야말로 신의 뜻을 따르는 삶이라 생각했습니다. 그러곤 뜨거운 사랑으로 광주 독립운동의 불꽃을 피워냅니다.

1919년 3월, 그의 첫 번째 불꽃은 독립만세운동으로 타올랐습니다. 3월 10일로 예정된 광주에서의 만세운동을 준비하기 위해 경성으로 상경한 그는 대한문 앞에서 펼쳐진 3·1만세운동에 참여합니다. 그 자리에서 일제에 체포된 그는 보안법 위반 혐의로 1년간 옥고를 치릅니다.

1920년, 출소 후 목사가 된 최흥종은 광주중앙교회의 전신인 북문밖교회 초대 목사로 부임합니다. 북문밖교회에는 젊은 신도가 많았습니다. 이들은 종교적 믿음을 바탕으로 사회운동을 이어 나가는 기독교청년회YMCA를 결성했고, 1924년 최흥종은 이 단체의 회장이 됩니다.

일제 강점기 조선의 독립운동 노선은 크게 민족주의와 사회주의로 나뉩니다. 이 중 기독교청년회는 민족주의 노선을 대표하는 단체였는데, 재밌는 건 이념의 격차에도 불구하고 사회주의 노선 단체에서도 최흥종에게 대표가 되어달라고 제안했다는 사실입니다. 일본

최흥종은 1920년 광주YMCA 창설에 중심적 역할을 담당했다.

인이 운영하는 일터에서 조선인은 노동자의 권리를 요구할 수 없었는데, 이 문제를 타파하고자 만든 조선노동공제회는 광주 지회장으로 최흥종을 선택합니다.

이렇듯 좌우 어떤 각도로 봐도 약자였던 조선인을 위해 힘쓰던 최흥종은 이념 따지지 말고 독립을 위해 애쓰자는 취지로 조성된 좌우 합작 단체 신간회의 광주지회장 자리에 다시 한번 소환됩니다. 신간회는 조선의 3대 항일운동이라 불리는 광주학생항일운동에 지대한 영향을 끼친 단체입니다.

이렇듯 독립운동이 사랑을 실천하는 길이라 믿으며 활동을 이어간 최흥종에게 개탄을 금치 못할 일이 벌어집니다. 1935년, 기독교

단체가 신사 참배에 응한다는 것을 알게 된 것입니다. 위기 상황마다 파격적인 선택을 일삼던 최흥종이 이번엔 어떤 선택을 했을까요?

인간 최흥종은
이미 죽은 사람이므로

그는 먼저 제 발로 경성의 세브란스 병원에 찾아가 정관수술을 받습니다. 당시 정관수술은 거세나 다름없었으니 금기와도 같은 일이었죠. 그러나 이는 시작에 불과했습니다. 1937년 1월, 최흥종의 지인들은 그로부터 믿을 수 없는 편지 한 통을 받았습니다. 〈사망통지서〉로 시작하는 편지의 내용은 다음과 같습니다.

> "본인을 사망자로 간주하시고 우인 명부에서 삭제하여 주시기를 복망하나이다. …(중략)… 이제는 생사 간에 예수 이외에 아무것도 없으므로 세상사에 대하여 사망자가 되어 스스로 매장한 것이외다. 가족적 행렬, 윤리적 예의, 사회적 규범에서 제외자요, 출척자요, 폐기자로 인간 사회에 무용의 일종 폐물이오니, 금일 이후로는 사망자로 인정하시고 모든 관계와 통신을 단절하여 주심을 통고하나니다."

-1937년 1월 모일, 오방 최흥종 근고

최흥종은 스스로 고인이 되겠다는 의지를 표명한 뒤, 무등산으로 들어가 은거합니다. 자신의 아호雅號를 오방五放으로 짓고, 삼던 집을 오방정五放亭이라 명명한 것도 이때부터였습니다. 오방은 5가지를 버린다는 뜻으로 집안의 일, 사회적 체면, 경제적 이익, 정치적 활동, 종파적 활동으로부터의 자유를 뜻합니다. 사망통지서를 보낸 이후 그는 약자들과 연대하는 삶 이외의 것은 모두 덜어낸 채 살아갑니다.

1945년 8월 15일, 드디어 조선이 빛을 찾았습니다. 그러나 모름지기 잃어버린 것은 찾고 난 다음이 중요한 법이지요. 해방 후 도움이 필요하다며 무등산 자락을 올라 오방정을 찾은 이가 있었습니다. 바로 백범 김구입니다.

최흥종이 은거했던 무등산의 오방정 터.

최흥종이 좇은 삶은 가장 낮은 곳에
임하는 신을 찾아간 시간이었다.

김구가 최흥종에게 남긴 휘호, 화광동진.

그러나 증심사 부근 계곡에 자리한 오방정까지 찾아간 정성이 무색하게도 최흥종은 정치계에 투신해달라는 김구의 요청을 거절합니다. 김구가 떠난 자리에 남은 건 화광동진和光同塵이라는 휘호뿐이었죠. 이는 노자의 《도덕경》에 나오는 구절로, '자신의 덕과 재능을 숨기고 세상과 어울려 살아가는 것'을 뜻합니다.

최흥종은 자신보다 열한 살 어린 화가이자 절친한 사이였던 의재毅齋 허백련 덕분에 《도덕경》을 즐겨 읽었습니다. 《도덕경》에는 '비움으로 모든 것을 얻는다'는 대목이 등장합니다. 1인분의 달콤함을 좇던 망치가 제 입 대신 약자의 입에 건넨 사랑의 향기는 지금까지도 광주 전역에 은은하게 남아 있습니다.

가이드 J

광주 추천 스폿 오방 최흥종 기념관	주소	광주시 남구 제중로
	찾아가기	광주 지하철 남광주역에서 도보 약 20분
	운영 시간	09:00~18:00
	휴관일	월요일
	입장료	무료
	홈페이지	obangmuseum.or.kr
	인스타그램	obangmemorial

최흥종에서 시작된
빛의 변주곡

빛과 빛을 이어 만든 사랑의 경로

최흥종의 가계도를 살펴보면, 광주 근현대사의 흐름에서 중요한 이름들이 눈에 띕니다. 최흥종의 이복동생 최영욱은 의사가 되어 제중병원 원장으로 재직했고, 광복 이후에는 전라남도지사가 되어 경찰협회 소유였던 나병원 운영권을 넘겨받아 환자들의 권익을 위해 힘썼습니다. 김필례는 오웬기념각에서 최초로 피아노 연주를 한 여성입니다. 그는 최영욱과 결혼해 가정을 이룬 뒤, 여자기독교청년회 YWCA를 설립해 여성 복지를 위해 헌신합니다.

한편 최흥종의 조카 정율성은 논란의 중심에 서기도 했습니다. 중화인민해방군의 행진곡 〈팔로군 행진곡〉을 만든 장본인이기 때문입니다. 그가 음악에 눈뜬 데는 목회자였던 삼촌과 피아노를 치던 숙모의 영향이 컸다고 합니다. 정율성은 의열단원으로 활동하며 독립운동에도 가담했으나, 훗날 중국으로 귀화해 공산당원을 위한 노래까지 만들었다는 이유로 현재까지 평가가 엇갈립니다.

무등원과 삼애학원 그리고 광주공원

독립 이후에도 최흥종은 늘 낮은 곳의 사람들을 걱정했습니다. 1940년대에 나병 치료제가 개발되자 상대적으로 늘어난 결핵 환자들을 위해 생활공간인 무등원을 설립했습니다. 또 허백련과 함께 농업기술학교인 삼애학원도 세웠지요. 삼애학원은 이후 광주농업고등기술학교로 이름을 바꾸었고, 학교가 문을 닫은 1970년대까지 학생들은 그곳에서 배운 농업기술을 무기로 가난과 맞서 싸울 수 있었습니다.

최흥종은 인생의 마지막도 남달랐습니다. 그는 "이제 살 만큼 살았다"며 곡기를 끊는 방식으로 세상에 안녕을 고합니다. 1966년 2월, 무등원에서 단식을 시작한 그는 100여 일 뒤인 5월 14일에 소천합니다. 1966년 5월 18일, 최흥종의 장례식은 광주 최초의 시민장으로 광주공원에서 진행되었습니다. 그의 장례식에는 구라 대행진을 방불케 하는 환자들의 통곡과 오열이 이어졌다고 합니다. 향년 86세, 수많은 이의 배웅을 받으며 떠난 이는 한결 가벼운 마음으로 자신의 신과 만났을지도 모르겠습니다.

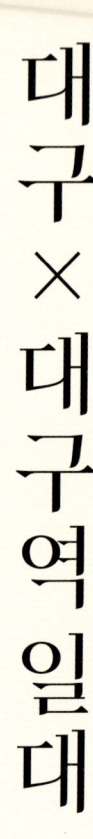

대구×대구역 일대

모던 대구, 그 시절 대구는 예술이었다

여정 09

암울했던 일제 강점기, 우리의 예술은 슬프고도 찬란하게 빛났습니다. 100여 년 전 대구 예술가들은 '꽃잎이 무성히 피는 집' 무영당茂英堂에서 만났습니다. 무영당의 풍경은 평화롭습니다. 윤복진이 동요 가사에 아이들의 천진난만한 모습을 담으면, 이인성은 가사에 어울리는 그림을 그립니다. 동요 가사에 아름다운 선율을 입히는 작곡가 박태준도 보입니다. 한쪽에서는 민족 시인 이상화가 새로운 시를 발표하고 있지요. 나이도 다르고 추구하는 바도 달랐지만, 그 시절 예술가들은 무영당 지붕 아래서 끈끈한 우정을 나눴습니다. 혹독했던 일제 강점기 속 평화로운 한때를 찾아 대구로 떠나보겠습니다.

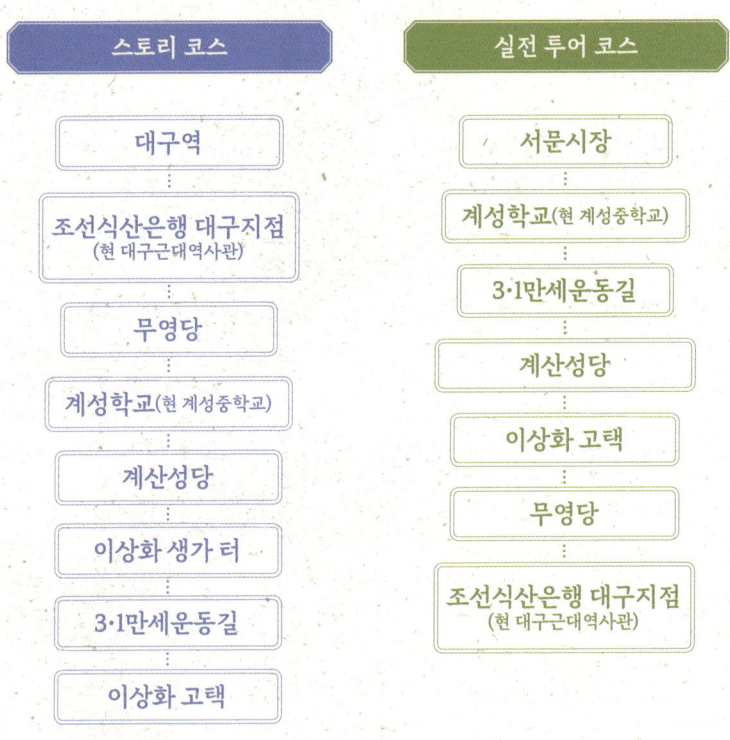

스토리 코스	실전 투어 코스
대구역	서문시장
조선식산은행 대구지점 (현 대구근대역사관)	계성학교(현 계성중학교)
무영당	3·1만세운동길
계성학교(현 계성중학교)	계산성당
계산성당	이상화 고택
이상화 생가 터	무영당
3·1만세운동길	조선식산은행 대구지점 (현 대구근대역사관)
이상화 고택	

정보

기찻길	‧‧‧‧‧‧‧‧‧‧‧‧
지하철	------------
주요 도로	
일반 도로	
보조 도로	
공원, 녹지	

달성공원역

대구역

북성로

경상감영길

이상화 생가 터

무영당

조선식산은행 대구지점
(현 대구근대역사관)

중앙로역

서문시장역

서성로

서문시장

계산성당

3·1만세운동길

이상화 고택

계성학교
(현 계성중학교)

남성로

동성로

달구벌대로

청라언덕역

반월당역

0   100m

N

반쪽짜리
기회의 땅

"대구의 명동"으로 불리며 1960년대 이후 지역 최대 상권으로 군림하는 동성로東城路. '동쪽 성벽을 헐어서 놓은 길'이란 뜻의 이름처럼 동성로 자리에는 조선 시대 대구읍성의 성곽이 서 있었습니다. 임진왜란이 발발하기 2년 전인 1590년, 조선 조정은 일본의 침략을 예견하고 읍성을 쌓았습니다. 이 읍성은 부산에서 한양으로 향하는 직선로에 자리해 오랜 세월 동안 조선의 수도와 대구를 지키는 역할을 했죠. 그러나 1907년 대구 군수 박중양에 의해 역사 속으로 사라졌는데, 그 도화선은 1905년에 이루어진 대구역 개통이었습니다.

조선 시대 대구는 현재의 경상도청 격인 경상감영이 있어 행정과 군사의 중심지였고, 전국 3대 시장 중 하나인 서문시장 덕에 상업과 교통이 발달했습니다. 그 때문에 강화도 조약 이후 조선에 들어와 살던 일본인들이 대구를 "기회의 땅"이라 부르며 정착하기 시작합니다.

특히 1904년 완공된 경부선은 일본인들이 대구로 몰려드는 데 불쏘시개 역할을 합니다. 경성과 부산을 잇는 철도가 개통된다는 소식에 일본인들은 대구역 주변 땅을 헐값에 사들이며 세를 넓혀갔죠. 이후 상권을 읍성 안까지 넓히기 위해 "이토 히로부미의 수양아들"로 불리던 친일 관료 박중양을 앞세워 읍성을 철거하기에 이릅니다. 그리고 읍성이 사라진 자리에 그들이 만든 도로가 바로 지금의 동성로, 서성로, 남성로, 북성로입니다. 그렇다면 그 시절 사방으로 뻗은 번화가에는 과연 어떤 빛과 그림자가 드리워져 있었을까요.

우리 함께
예술 합시다

지금은 동성로가 대구의 번화가지만, 일제 강점기에는 "원정元町"이라 불린 북성로가 그 자리를 차지했습니다. 북성로는 사람과 물자가 모이는 역세권이었던 터라 대구에서 처음으로 엘리베이터를 설치한 미나카이 백화점을 비롯해 무역 상회, 목재 회사, 철물점 등이 즐비했습니다. 밤에도 거리는 불 밝힌 가로등과 네온사인으로 휘황

일제 강점기, 대구 서문로에 자리했던 구 조선식산은행 대구지점 건물.

하게 번쩍거렸죠.

"본정本町"이라 불린 서문로의 풍경은 조금 달랐습니다. 현재 중부경찰서에서 서성로로 이어지는 서문로 인근은 정치와 행정, 경제의 중심이었기 때문이었지요. 지금은 대구근대역사관으로 변모한 조선식산은행 대구지점도 서문로에 있었습니다. 절제된 장식과 완벽한 대칭성으로 조형미를 강조해 눈길을 끄는 건물이죠. 사실 이곳은 조선 총독부의 권한 아래 조선의 금융권을 독점하겠다는 목적으로 설립한 금융기관이었습니다.

1923년, 개성 출신 상인 이근무는 이곳 서문로에 10평 남짓한 작은 서점 '무영당'을 열었습니다. 출판 활동까지 병행했던 무영당은 양복, 맥주 등 다양한 물품을 판매하는 양품부를 운영하며 규모를 키워나갔죠. 이후 경성의 백화점들을 둘러본 그는 1937년, 5층 규모의 무영당 백화점을 개점합니다. 1층엔 유리 쇼윈도를 설치하고, 의류부터 문구, 주방용품, 악기까지 다양한 상품을 갖춰 근대식 백화점의 면모를 보여줬지요.

> **"무영당茂英堂은 五층연와의 당당한 건물로서 부내원정元町에 있는 三중정과 대립하야 일용백화의 진렬이며 식당, 휴게장, 전망대 등 설비가 완비하야 선진도시의 백화점에 조금도 손색이 업다 한다. 지난 十五일부터 개업하엿는데, 요사히 매일 평균 五천명 가량의 고객출입이 잇서 매우 성황을 일우고 잇다 한다."**
>
> -〈백화점 무영당 십오일부터 개업〉,《매일신보》(1937. 9. 22)

조선 사람이 세운 무영당 백화점이 더 특별했던 이유는 2층 전시장에 있습니다. 이근무는 무영당이 서점이었던 시절부터 조선의 청년들에게 러시아 소설 등 일제가 지정한 금서禁書를 구해주며 그들을 후원했습니다. 자연스레 백화점 2층 전시장은 청년들의 사랑방이 되었고, 그들은 이곳에서 전시회나 발표회를 열고 영감을 주고받았지요. 그 중심엔 이근무의 친구였던 윤복진과 윤복진의 모교 선배 박태준도 있었습니다.

1937년 대구에서는 처음으로 조선인이 건립한 백화점 무영당.

아이들의 노래가 이어준
어른들의 우정

맛있는 냄새와 북적이는 사람들로 활기찬 서문시장. 그 옆에는 학생들의 웃음소리가 끊이지 않은 건물이 있습니다. 넝쿨로 뒤덮인 붉은 벽돌 건물에 한국식 기와가 어우러진 이곳은 계성학교 아담스관입니다. 1906년에 설립된 계성학교는 대구 예술사에 발자취를 남긴 이들을 배출했는데, 〈오빠생각〉, 〈동무생각〉을 작곡한 박태준도 그중 한 명입니다.

작곡가 박태준의 모교, 계성학교의 아담스관.

개화기 대구 시식인들은 자신들의 자녀를 사립학교인 계성학교와 신명학교, 교남학교에서 교육시키고 경성과 평양, 일본으로 유학을 보냅니다. 그리고 새로운 교육을 받은 자녀 세대는 대구로 돌아와 1920년대 '대구 예술의 황금기'를 이끌었지요. 마침 3·1만세운동 이후 일제가 무단 통치에서 문화 통치로 통치 방식을 바꾼 시기였습니다.

박태준은 1924년 자신의 모교인 계성학교로 돌아와 합창부와 악대부를 지도했습니다. 또한 어릴 때 함께했던 대구제일교회 합창단의 지휘자로 활동하며 그곳에서 일곱 살 어린 후배 윤복진을 만납니다. 음악을 매개로 친구가 된 그들은 첫 동요곡집인《중중떼떼중》(1931)을 시작으로《양양범버궁》(1932),《도라오는 배》(1934)까지 총 3권의 책을 무영당을 통해 발간합니다.

장난기 가득하지만 해맑은 아이들의 모습을 정감 있게 담아내는 윤복진이 주요 일간지나 아동 잡지에서 가장 사랑받는 인기 스타가 된 것은 자연스러운 일이었습니다. 작사 윤복진, 작곡 박태준의 동요 〈중중떼떼중〉에는 친구들이 빡빡머리가 된 아이를 놀리는 모습이 이렇게 담겼습니다.

중중떼떼중 바람매고 어디갔다 / 중중떼떼중 목탁치고 어디갔다
등등 등넘어 골목골목 동냥갔지 / 강강 강건너 이집저집 동냥갔지

– 윤복진, 〈중중떼떼중〉,《중중떼떼중》(1931)

윤복진의 시에 박태준이 곡을 붙인
노래 13곡이 실린 《물새발자옥》
(1939, 교문사, 대구문학관 소장).
표지는 이인성의 목판화 그림을
붙여 제작했다.

　이 시기 윤복진에게는 가까운 친구가 한 명 더 있었습니다. "조선의 고갱이자 세잔"이라 불린 서양화가 이인성입니다. 이인성은 윤복진보다 나이가 다섯 살 어렸지만, 두 사람은 마음이 척척 맞아 항상 붙어 다녔습니다. 이인성이 일본으로 유학을 떠났을 때도, 전람회를 준비할 때도 윤복진은 늘 그의 곁에 있었습니다. 이인성 역시 그런 친구를 위해 윤복진이 쓴 동시의 삽화나 동요곡집의 표지를 그려주었지요. 두 사람이 함께 발간한 《물새발자옥》(1939),《꽃초롱 별초롱》(1949)의 표지 모두 이인성의 작품입니다. 특히 《꽃초롱 별초롱》은 당시 최고의 작사가, 작곡가, 화가가 함께했다며 언론의 극찬을 받았습니다.

　　　　　　　　　　　　　　　　2부・일제 강점기로 떠나는 시간여행

> **"노래도 좋고, 그림도 좋고, 책도 좋은 꽃초롱 별초롱."**
>
> −《조선일보》신간 평(1949. 11. 12)

화폭 위
푸른 청춘

대구 여행지로 빼놓을 수 없는 곳이 있습니다. 푸른 하늘에 닿을 듯 높이 솟은 첨탑과 붉은 벽돌이 어우러진 계산성당입니다. 화재로 불탄 성당 자리에 현재의 건물을 지은 1902년에는 "뾰족집"이라고 불렸지요. 영남 지방 최초의 고딕 양식 성당이었기에 예술가들은 이국적 풍경이 주는 시각적 영감을 작품에 풀어냅니다.

더욱이 이인성의 작업실은 남산병원(현 ABL생명 대구지점 빌딩)에 자리해 그는 각기 다른 구도로 계산성당을 조감할 수 있었죠. 계산성당과 성당 앞 감나무의 풍경을 파스텔 톤으로 담아낸 수채화 〈계산동 성당〉(1930년대)을 바라보고 있노라면 이인성의 눈에 비친 성당의 인상을 나누는 듯한 느낌이 듭니다.

하지만 그도 가난한 집안 형편 탓에 하마터면 예술 실력을 키워나가지 못할 뻔했습니다. 16세 이인성의 그림 실력을 눈여겨본 수채화가 서동진이 자신이 운영하는 대구미술사로 그를 데려가지 않았다면 말이죠. 지금은 사라지고 터만 남은 대구미술사는 일종의 종

계산성당의 이국적인 외관은 일제 강점기 예술가들에게 영감을 불어넣었다.

이인성이 화폭에 담아낸 〈계산동성당〉.

합미술센터로, 미술 공방이자 화구 판매점, 인쇄물을 제작하고 간판을 만드는 광고 제작사 역할까지 했지요. 이인성은 이곳에서 석판이나 도안 제작을 돕는 틈틈이 수채화를 배우기 시작했습니다. 그 결과 1929년 17세의 나이로 조선미술전람회에서 최연소 입선을 했고, 이후 9회 연속 입선하며 화단의 주목을 받습니다.

이인성의 기량이 최고조에 이른 시기, 강렬한 색채로 그려낸 〈경주의 산곡에서〉(1935)는 제14회 조선미술전람회에서 최고상인 창덕궁상을 받기도 했습니다. 푸른 하늘과 대비되는 붉은 대지는 조선의 향토색을, 곳곳에 놓인 신라의 유물은 우리 민족의 비애를 떠올리게 합니다.

라일락 향기로
채워진 추억

4월이면 서성로에 라일락 향기가 가득 퍼집니다. 향긋한 봄바람을 따라 알록달록 색을 더한 골목 안으로 들어서면 수령 200여 년의 라일락 뒤로 한옥 한 채가 보입니다. 바로 시인 이상화가 태어나고 자란 생가입니다.

이상화는 사 형제 중 둘째로 태어났습니다. 이들 형제는 "용봉인학龍鳳麟鶴"이라 불릴 만큼 재능이 뛰어났는데, 그중 '용龍'에 견주었

이상화 생가는 카페로 운영되다가 문을 닫았다.

던 첫째가 바로 대구 최초의 서양화가 이상정입니다. '이상정의 제자' 서동진과 '이상정의 동생' 이상화는 동갑으로 어느덧 서로 영향을 주고받는 친구가 되었죠.

두 친구는 1927년 조선인들로만 구성된 종합예술단체 0과회(영과회)에 참여합니다. 어느 과에도 속하지 않겠다 하여 지은 이름처럼 이들은 서양화, 동요, 시가 어우러진 전람회를 개최하기도 했습니다. 하지만 프롤레타리아 계열 인물들이 단체 활동을 주도하자 일제의 감시가 거세졌고, 0과회는 설립 3년 만에 해체됩니다.

지금은 '저항 시인'으로 알려진 이상화지만 0과회 시절로부터 약 5년 전까지만 하더라도 그의 작품은 현실 도피적인 면모를 보였습니다. 1922년에는 낭만주의 문예운동을 주도한 《백조》의 동인으로 활동하면서 〈말세의 희탄〉, 〈단조〉 같은 시를 선보이기도 했지요. 하지만 어떤 사건으로 인해 이상화의 문학은 관념의 공간에서 나와 현실 세계에 개입하기 시작합니다.

"조선인이 우물에 독을 탔다." 이상화가 프랑스 유학을 준비하며 일본에 머물던 1923년, 관동대지진이라는 대재앙이 일어납니다. 재난의 혼란은 가시 돋친 유언비어를 낳았고, 그건 조선인을 향한 칼날이 되어 조선인 대학살이라는 비극으로 이어졌습니다. 그해 상해 임시정부에서 발행한 《독립신문》에 따르면, 당시 희생된 조선인 수가 6661명에 달했다고 합니다. 낭만주의 시를 짓던 청년은 암살 위협으로 귀국한 후 1925년, 사회주의 문학 단체인 조선프롤레타리아 예술가동맹KAPF의 발기인으로 변신합니다.

> "하늘을 우러러 / 울기는 하여도 / 하늘이 그리워 울음이 아니다
> 두 발을 못 뻗는 이 땅이 애달파 / 하늘을 흘기니 / 울음이 터진다"
>
> — 이상화, 〈통곡〉, 《개벽》 68호(1926년 4월)

이상화는 벗어날 수 없는 식민지 현실에 대한 격렬한 울분과 저항을 시에 담아내기 시작합니다. 《개벽》 70호(1926년 6월)에 발표한 〈빼앗긴 들에도 봄은 오는가〉는 억눌린 시대를 살아가는 사람들의 마음을 파고들었습니다. 이를 본 일제의 반응은 어땠을까요? 《개벽》은 작두로 썰리고 강제 폐간되었습니다.

예술은 또 다른
독립운동이었다

이상화가 태어난 생가에서 출발해 서성로를 따라 10분가량 걸으면 그가 세상을 떠난 이상화 고택이 나옵니다. 하지만 우리는 그 길에서 뻗어나간 작은 길을 잠시 걸어보려 합니다.

3·1만세운동길은 1919년 만세운동 집결지로 향하던 대구 학생들이 태극기와 〈독립선언서〉를 품에 안고 몰래 걸었던 솔밭길입니다.

만세운동 십결시로 항히던 학생들이
숨죽여 걸었던 3·1만세운동길.

대구에 〈독립선언서〉가 전달된 것은 3월 3일, 첫 만세운동이 시작된 날은 3월 8일이었습니다. 그 길에는 이상화도 함께했지요. 마치 인사를 건네듯 길 양옆에서 펄럭이는 태극기들 사이를 걸으며 생의 마지막까지 펜을 멈추지 않았던 이상화를 떠올려봅니다.

조선 시대 대구는 영남의 중심지로서 남다른 민족의식을 지닌 선비들이 모여 살던 곳이었습니다. 이들은 강직하고 지조가 있었기에 나라가 위기에 빠지면 하나가 되었습니다. 1907년, 일본에 빌린 돈을 갚으려 담배를 끊고 패물을 팔았던 '국채보상운동'이 시작된 곳도 대구입니다.

당시 서성로 일대에 거주하던 지식인과 예술가들 역시 예외는 아니었습니다. 그들은 서로의 예술을 통해 억압받고 암울한 시대를 이겨내고자 했습니다. 그렇게 사람들은 예술에 향토를 담았습니다.

때로는 애절하게, 때로는 강하게 글로 울분을 토했던 이상화는 우리의 말과 글을 잃지 않기 위해 순한글을 사용하고, 대구의 방언을 썼습니다. 윤복진과 박태준은 순수한 아이들이 아름다운 한글을 잊지 않길 바라는 마음을 담아 동요를 만들었습니다. 서동진은 줄곧 대구의 풍경을 따스하게 그리며 수채화로 희망을 전달했습니다. 그의 제자인 이인성은 조선이 일본과 다르다는 것을 보여주고자 파란 하늘, 붉은 땅과 같은 조선만의 색과 분위기를 화폭에 얹었습니다.

그 시절 대구에서 꽃피운 예술은 단순한 창작 활동이 아니었습니다. 그것은 조용히 타오르던 또 하나의 독립운동이었습니다. 예술이 곧 저항의 무기였던 그들에게 붓과 펜, 악보는 또 다른 태극기가 아니었을까요.

가이드 S

대구
추천 스폿

대구근대역사관

주소	대구시 중구 경상감영길 67
찾아가기	대구 중앙로역 4번 출구에서 도보 약 5분
운영 시간	09:00~18:00
휴관일	월요일
입장료	무료
홈페이지	daeguartscenter.or.kr
인스타그램	dmhm_

희망찬 해가 영원히 함께하는 곳, 조양회관

대구를 감싸고 흐르는 금호강을 따라 걷다 보면 완벽한 좌우 대칭 구조의 2층짜리 건물을 만나게 됩니다. 붉은 벽돌을 쌓아 올리고 지붕에 기와를 얹은 건물의 외관에선 단아한 기품이 느껴집니다. 돌출된 건물의 현관은 마치 독립문을 연상케 하는데, 상단에 이곳의 이름이 적혀 있습니다.

'아침 해가 비치는 곳'을 의미하는 조양회관朝陽會館은 1922년 대구 독립운동가들의 정성으로 탄생했습니다. 당시 건축물은 대부분 중국인이나 외국 선교사에 의해 지어졌지만 조양회관은 달랐습니다. 기획부터 설계, 준공까지 모두 우리 손으로 이루어졌지요. 그 시작은 3·1만세운동에 참여했던 대구의 독립운동가 서상일이었습니다.

3·1만세운동 이후 일제가 문화 통치라는 명목 아래 친일 세력을 늘려가자, 서상일은 민중을 계몽하고 인재를 양성할 교육 시설이 필

요하다고 생각합니다. 그렇게 대구 문화운동 단체인 대구구락부를 만들고, 당시 대구의 중심지이자 대구 신사가 있던 달성공원 앞에 청년들을 위한 교육회관인 조양회관을 지었죠.

이곳은 회의실부터 인쇄 공장, 사진부, 오락실까지 최신 시설이 모여 있는, 그야말로 대구 청년들의 아지트였습니다. 2층 대강당에서는 최남선, 윤백남 같은 지식인들이 국산품 애용, 상공업 진흥 등에 관한 강연을 하고, 밤에는 청소년을 가르치는 야학을 운영했습니다. 또한 이인성, 이상화, 윤복진이 속한 0과회를 비롯해 이인성, 서동진이 이끄는 서양화가 모임인 향토회까지, 대구 예술가들의 풍성한 활동이 이어졌습니다.

조양회관은 한때 조선 총독부에 징발되어 병영으로 사용되는 수모를 겪기도 했습니다. 이후 도서관과 학교 시설 등으로 활용되다 철거 위기에 놓였지만, 1984년 금호강변 망우당공원으로 옮겨졌습니다. 칠흑 같던 일제 강점기, 대구 청년들이 간절히 원했던 희망찬 아침 해는 이제 이곳에서 붉게 빛나고 있습니다.

제주 × 여성 독립운동

바당에서 기어코 배워낸 숨, 독립의 숨비 소리

예로부터 돌, 바람 그리고 여자가 많아 삼다도라 불린 제주. 하지만 엄밀히 말하면 여자가 많은 게 아니라 남자가 없는 거였다고 합니다. 농사가 어려운 화산섬 제주에서 어업에 종사하다 사망하거나 타지로 떠난 남자가 많았기 때문입니다. 바람 잘 날 없는 섬에서는 그저 살아내는 일도 쉽지 않았습니다. 하물며 우리 바다마저 빼앗겨 삶의 난도가 더 높아졌을 일제 강점기는 어땠을까요. 빗창과 연필로 뚫어낸 숨, 제주 여성들의 숨비 소리를 만나러 가봅니다.

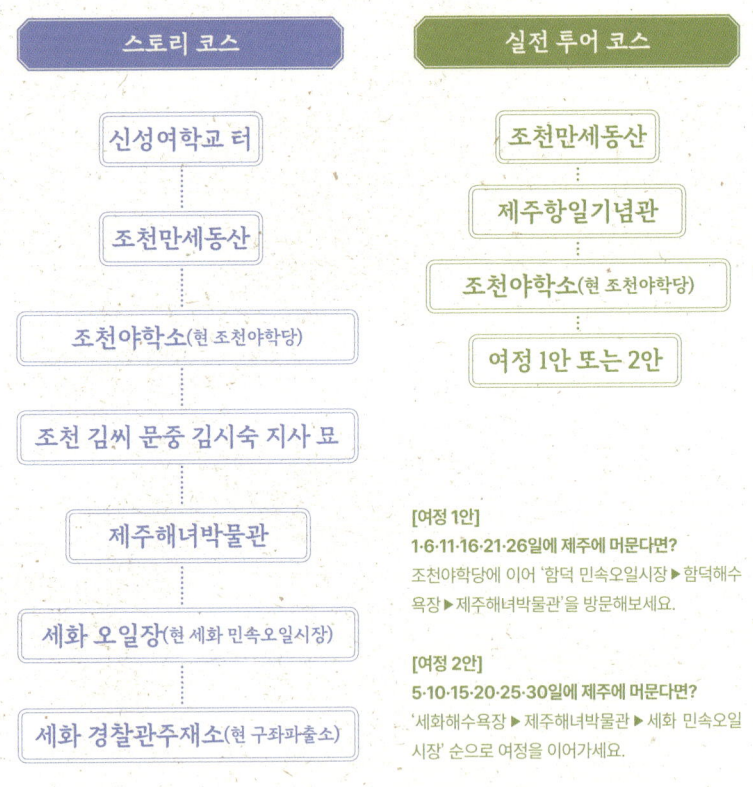

스토리 코스

신성여학교 터

조천만세동산

조천야학소 (현 조천야학당)

조천 김씨 문중 김시숙 지사 묘

제주해녀박물관

세화 오일장 (현 세화 민속오일시장)

세화 경찰관주재소 (현 구좌파출소)

실전 투어 코스

조천만세동산

제주항일기념관

조천야학소 (현 조천야학당)

여정 1안 또는 2안

[여정 1안]
1·6·11·16·21·26일에 제주에 머문다면?
조천야학당에 이어 '함덕 민속오일시장 ▶ 함덕해수욕장 ▶ 제주해녀박물관'을 방문해보세요.

[여정 2안]
5·10·15·20·25·30일에 제주에 머문다면?
'세화해수욕장 ▶ 제주해녀박물관 ▶ 세화 민속오일시장' 순으로 여정을 이어가세요.

제주도

우도

정보

주요 도로
일반 도로
보조 도로
한라산
바다

제주항일기념관
함덕해수욕장
함덕 민속오일시장
제주해녀박물관
조천야학소
(현 조천야학당)
조천만세동산
세화 민속오일시장
세화 경찰관주재소
(현 구좌파출소)
신성여학교 터
조천 김씨 문중
김시숙 지사 묘
세화해수욕장
제주 국제공항

한라산

0   2km

N

제주의 첫 여학교 1회 졸업생, 육지로 떠나다

"제주 여자로 태어나느니 소로 태어난다"라는 자조 섞인 말처럼 그 시절 제주 여성의 삶은 퍽퍽하기 짝이 없었습니다. 하지만 알려진 바와 달리 1904년과 1905년에 걸쳐 유학길에 오른 세 소녀가 있었습니다.

고수선, 최정숙, 강평국. 이 세 사람은 가톨릭 신부 마르셀 라쿠르 P. Marcal Lacrouts가 세운 신성여학교 1회 졸업생입니다. 당시는 서구 열강과의 조약 체결로 가톨릭 신자의 편의가 보장되었고, 세금 감면 등의 부수적 이익을 노리고 개종하는 특권층도 많아졌지요. 권력과 부를 쥔 가톨릭 신도와 그렇지 못한 비가톨릭 신도가 대립각을 세우던 중, 급기야 1901년에는 민란까지 발생했습니다.

독립운동가 고수선, 최정숙, 강평국을 배출한 신성여학교 자리.

종교 갈등으로 힘없는 이들만 피를 흘리던 그때, 서양에서 온 신부에 의해 제주 최초의 근대 여학교인 신성여학교가 문을 엽니다. 하지만 가르칠 필요도 없다고 생각한 딸을 위험까지 감수하며 입학시키고자 하는 부모는 없었습니다. 천주교인들이 장기를 빼간다는 소문까지 돌 정도였으니 말 다 했지요. 그러나 제주 소녀들에게도 교육이 필요하다고 생각한 라쿠르 신부는 집집을 찾아다니며 부모들을 설득했습니다.

천신만고 끝에 최정숙, 강평국, 고수선은 이 배움의 기회를 거머쥡니다. 힘들게 얻은 것은 더 귀하다고 했던가요. 배움을 향한 갈증은 육지 유학을 꿈꾸게 했습니다. 물론 상경의 여정도 쉽지는 않았지만, 세 소녀는 신성여학교를 졸업한 뒤 2년에 걸쳐 각기 다른 시기에 육지로 유학을 떠납니다.

섬 소녀 3인방 독립운동에 가담하다

우여곡절 끝에 세 소녀는 경성여자고등보통학교 사범과에서 재회합니다. 그리고 이들이 재학 중이던 1919년 1월, 고종이 승하했다는 소식이 전해지며 민심이 크게 흔들립니다. 나라를 빼앗긴 지 거의 10년이 된 설움과 황제의 의문스러운 죽음에 대한 의혹이 제기되며 전국에서 3·1만세운동이 벌어지자, 세 소녀는 여 학우 79명을 규합해 '79소녀결사대'를 결성한 뒤 3·1만세운동에 가담합니다.

이 과정에서 핵심 멤버였던 최정숙은 서대문형무소에 투옥됩니다. 고문은 고통스러웠지만, 그녀는 그 안에서 희망을 보았습니다. 만세를 외치다 붙잡혀온 사람들, 기생, 임산부, 학생 등 각기 다른 감방 안 사람들을 통해서였죠.

실제로 이때 투옥되었던 독립운동가들은 나라를 되찾겠다는 마음 하나로 거리에서 만세를 외친 평범한 이들에게서 희망을 찾았습니다. "무지한 이도 세상 돌아가는 이치를 깨치고 우리의 자유를 주장

최정숙(왼쪽)과 강평국(가운데)의 모습.

할 수 있다면 하루빨리 나라를 되찾을 수 있다." 1919년의 함성 이후 지식인을 필두로 한 교육기관이 우후죽순처럼 생겨난 이유입니다.

한편 강평국과 고수선은 한반도를 벗어나 독립의 열의를 불태웁니다. 강평국은 적의 심장인 일본에서 유학 생활을 하며 독립운동을 전개했고, 고수선은 상해에서 임시정부 요원을 도왔습니다.

뿔뿔이 흩어졌던 소녀들이 다시 만난 곳은 그들의 고향 제주로, 먼저 조우한 것은 강평국과 최정숙이었습니다. 제1차 세계 대전의 여파는 외딴섬 제주까지 미쳤습니다. 신성여학교를 운영하던 외국인들이 고향으로 돌아가고 일제의 외압이 심해지면서 학교는 폐교가 되고 맙니다. 이를 안타깝게 여긴 강평국과 최정숙은 1921년에 신성여학교를 잇는 교육기관으로 여수원女修園을 설립합니다.

제주의 3월을 뜨겁게 달군
조천 김해 김씨 가문

　전국을 뜨겁게 달군 만세의 열기는 제주에서도 이어졌습니다. 그 중심에는 조천 김해 김씨 가문이 있었습니다. 이 집안에서만 8명의 독립유공자가 배출되었다니 그들이 대한독립에 얼마나 열과 성을 다했는지 짐작이 갑니다. 그렇다면 이들은 어떻게 육지에서 시작된 만세운동에 발맞출 수 있었던 걸까요.

　제주 항일운동의 중심에는 육지로 유학을 떠났던 학생들의 활약이 있었습니다. 경성에서 유학하던 조천 김해 김씨 가문 김장환 또한 1919년 3·1만세운동에 참여한 뒤, 3월 15일 제주로 돌아와 그 소식을 가족에게 전합니다. 항일운동에 적극적이었던 가문 사람들은 누구 하나 빠지지 않고 집에서 거사를 준비했고, 그렇게 제주 3대 항일운동 중 하나로 기록된 조천 만세운동이 시작됩니다.

40세의 까막눈,
김시숙의 인생 2막

　역사가 기억할 만세운동을 준비하느라 분주한 김해 김씨 사이에서 일손을 보태는 여인이 눈에 띕니다. 그녀의 이름은 김시숙, 나이는 40세입니다. 남편 내조 잘할 것, 시댁 어른 잘 섬길 것, 대를 이을 자식 잘 낳을 것, 제주 여성 특유의 생활력으로 돈도 잘 벌어올 것. 제주 여자는 다 그렇게 산다지만, 그녀에게는 너무도 버거운 일이었습니다. 그리고 두 번째는 나을까 싶어 다시 일군 새 가정도 결국 깨지고 맙니다.

두 번의 이혼으로 크게 상심한 김시숙에게 누군가 조언을 건넸습니다. 바로 그녀의 숙부 김문주로, 그녀에게 글을 배워보라고 권한 것이죠. 그녀는 나이 마흔이 되도록 글을 읽을 줄 몰랐는데, 김문주는 책 속에 세계가 있다며 지금부터라도 한글을 떼고 책을 읽으라고 조언했습니다.

집안 어른의 말에 힘입어 김시숙은 마흔의 나이에 생애 첫 공부를 시작합니다. 그런데 책을 읽을수록 참으로 넓은 세상이 펼쳐졌습니다. 까막눈으로 살아온 세상이 얼마나 좁았는지를 여실히 깨달은 그녀는 더 많은 여성이 배워야 한다고 생각하며 길을 나섭니다. 그녀의 발걸음이 향한 곳은 제주에서 가장 먼저 배운 여성들이 차린 교육기관, 여수원이었습니다.

드디어 김시숙과 최정숙, 강평국이 만났습니다. 서로 20년여의 나이 차가 있었지만 이는 공통의 목표 앞에서 문제가 되지 않았습니다. 1925년, 세 사람은 제주여성부인회를 조직합니다. 이때 취지에 공감한 또 다른 여인 이재량도 뜻을 모았고, 신성여학교 출신 고수선 역시 제주로 돌아와 힘을 보탭니다. 이들은 조천리에 여성 야

1920년 전후, 제주의 야학소는 20여 곳에 이르렀다. 사진은 조천야학소 터에 세운 조천야학당.

학을 세우고 부녀자 교육을 시작합니다.

하지만 김시숙은 여성 야학에서 항일 의식을 주입했다는 이유로 일제에 붙잡히고 맙니다. 혹독한 옥살이를 마치고 돌아온 이후에는 일제의 요시찰 인물이 되었고요. 감시가 삼엄해지자 야학 운영 자금을 후원할 사람을 찾기도 막막했습니다. 이대로는 안 된다고 판단한 그녀는 적의 심장으로 가 독지가를 찾겠다며 대한해협을 건너는 배에 올라탑니다.

일본에서 만난
더 큰 비극

1927년, 열도에 발을 디딜 때까지만 해도 김시숙에게 일본행은 야학 운영 자금을 확보하기 위한 돌파구였습니다. 그러나 그녀를 기다리는 풍경은 당황스럽기 그지없었습니다. 소로 태어나는 것만도 못한 삶을 청산하고자 일본으로 간 제주 여성들이 돼지라 불리며 착취당하고 있었기 때문입니다.

당시 일제는 조선의 여성 인력을 값싸게 들여다 부족한 공장 노동 인력을 채우고자 했고, 더 나은 삶을 꿈꾸며 고국을 떠나온 이들의 나날은 일제의 야욕으로 멍들어갔습니다. 여공들을 고통스럽게 하는 것 중에는 상애회도 있었습니다. 상애회는 조선 총독부가 사주해서 만든 노동 단체로 조선인 노동자를 학대하고 착취하기로 악명이 높았죠. 그들은 노동쟁의를 단속했고, 얼마 되지 않는 임금조차 회비 명목으로 빼앗아갔습니다.

가난한 여공들은 일본인들이 먹지 않아 내다 버리던 돼지 내장을 주워다 요리해 먹었고, 그 모습을 혐오스럽게 생각한 일본인들은 여공들을 "조선의 돼지"라 불렀습니다.

인간다운 삶을 찾아 도망쳐 온 땅에서 돼지라 불리는 이들을 본 김시숙은 발을 뗄 수가 없었습니다. 그녀는 제주에서 그랬듯 이번에는 여공들을 위한 재일여공보호회를 조직해 최소한의 권리를 주장했고, 재일 한인 아나키스트 단체인 조선인신진회의 여성부 책임자로 상애회에 대항하는 일도 잊지 않았습니다. 그러다 보니 야학 운영 자금만 확보하면 돌아가겠다는 다짐이 무색하게 5년이라는 세월이 쏜살같이 흘렀습니다.

마당 밖으로 나선
제주 여성의 에필로그

어느덧 1933년입니다. 신성여학교 3인방과 김시숙은 어디서 무엇이 되어 있을까요? 먼저 최정숙은 제주에서 학교를 운영했고 이후로도 교육자 생활을 이어가다, 1964년 대한민국 최초의 여성 교육감이자 제주도 초대 교육감으로 선출됩니다.

고수선은 1928년 우리나라 여성 최초로 의사 면허를 취득해 조천 지역에 장춘의원을 개업합니다. 제주 최초의 여학교에서 대한민국 최초의 여의사와 최초의 여자 교육감이 나왔다니 대단한 저력입니다.

강평국은 투병 중입니다. 제주뿐만 아니라 광주에서 이어가던 독립운동 이력이 발각되어 투옥된 후유증 탓입니다. 좀처럼 병상에서 일어나지 못하던 그녀는 결국 1933년 8월 12일, 친구들을 뒤로한 채 먼저 세상을 떠납니다.

오사카 여공들과 함께하던 김시숙은 강평국보다 한 달 먼저 세상을 떠났습니다. 그녀는 제주로 돌아오지도 못한 채, 같은 해 7월 5일 오사카 적십자병원에서 숨을 거두고 말았지요. 일본에서 함께 활동한 신진회 소속 고순흠이 묘사한 문장 속 김시숙은 철저한 시대의 희생자이며 충실한 운동가였습니다.

"님의 몸은 비록 구학의 진흙이 되었으나 님의 피와 땀은 광명의 천지에 만인의 생명으로 나타날 날이 있으리라."

고순흠은 묘비문에서 먼 훗날 그녀의 노고가 새로운 생명을 틔워

제주 출신 독립운동가 고순흠이 남긴 김시숙의 묘비문(오른쪽).

내리라 예언했습니다. 실제로 그녀의 노력 덕분에 많은 생명이 사람답게 살고 있습니다. 그러나 이 오랜 시간 동안 달라지지 못한 것도 있습니다.

해방 때까지 생존한 최정숙 지사, 고수선 지사는 일찍이 독립유공자로 서훈되었습니다. 33세라는 이른 나이에 요절한 강평국 지사 역시 친구들보다는 늦었으나 2019년 건국훈장 애족장을 추서받았습니다.

그러나 김시숙 선생은 오늘날까지도 독립 유공자로 서훈되지 못한 상황입니다. 두 번의 결혼 실패로 연고가 불분명한 까닭입니다. 김시숙 선생의 광명이 만인에게 닿은 지금까지도 비운의 역사가 이어지고 있다는 사실이 애통합니다.

잃을 게 없는 사람은
두려울 게 없다

뭍에서 배움으로 세상을 바꾼 여성들이 있었다면, 물속에서는 숨을 참아내며 변화를 일군 여성들이 있었습니다. 매일매일 가장 낮고 어두운 바닷속으로 뛰어들던 해녀들이 그 주인공입니다.

제주 여성들이 가족과 친구들을 집어삼킨 두려운 바다에 몸을 던질 수 있었던 이유는 그것 말곤 달리 살아남을 방법이 없었기 때문

빗창 하나 들고 삶을 일군 제주 해녀의 역사, 제주해녀박물관.

입니다. 빈을 구석이괴 곤 바다뿐이었던 해녀들은 조선의 바다를 일제에 빼앗기며 더욱 가쁜 숨을 쉴 수밖에 없었습니다.

조선인 목에 칼을 들이미는 건 일도 아니었던 시절에 목숨을 걸고 캐낸 전복과 감태에 제값을 매겼을 리 만무했지요. 갯바위에 붙은 우뭇가사리까지도 일본 도매상과 해녀조합 관리의 작당과 모의로 헐값에 팔리기 일쑤였습니다. 덤벼들면 해산물 거래를 하지 않겠다고 하고 순순히 팔면 남는 게 없었습니다. 1931년 6월, 이래도 죽고 저래도 죽는다 싶었던 해녀들은 결의합니다. 의지에 불타는 해녀들 사이에는 부춘화도 있었습니다.

낮엔 빗창을,
밤엔 연필을

1908년 제주도 구좌면 하도리에서 첫째 딸로 태어난 부춘화는 15세부터 물질을 하느라 학교도 다니지 못했습니다. 하지만 바다에 나갈 수 없는 밤에는 연필을 쥘 수 있었습니다. 부춘화는 하도리강습소 1회 졸업생입니다. 김시숙 같은 이들이 제주 곳곳에 야학과 강습소를 운영한 덕분이었죠. 배움의 영역은 식민 지배의 부당함을 인식하는 일부터 해산물의 무게를 재는 저울을 읽는 법까지 다양했습니다.

야학에서 저울 재는 법까지 가르친 데는 다 이유가 있었습니다.

제주해녀박물관 외부에 자리한 흉상들. 왼쪽부터 부춘화, 김옥련, 부덕량.

어릴 때부터 학교 대신 바다에 뛰어들었던 해녀들은 글자는커녕 숫자도 읽지 못해 착취의 대상이 되곤 했습니다. 이에 지역 유지들은 해녀들의 권익을 보호하는 해녀조합을 만듭니다. 강습소에서 교육을 받은 부춘화는 구좌면 해녀조합의 대표가 되어 동료들의 삶을 개선하고자 애썼습니다.

하지만 1920년대 말로 접어들 무렵, 해녀조합에 균열이 생깁니다. 해녀를 지켜야 할 조합이 해녀가 아닌 일본인 제주도사의 편에 섰기 때문입니다. 해녀들의 우뭇가사리와 전복이 헐값에 팔려나가기 시작한 것도 바로 이때부터였습니다. 제값에 팔지 못하는 것도 억울한데 50% 이상을 수수료로 떼이고, 18%는 도움도 주지 않는 조

2부 · 일제 강점기로 떠나는 시간여행

합이 가져가면서 해녀의 몫은 고작 20% 남짓에 불과했지요.

시키는 대로 하다간 입에 풀칠도 못 하게 생긴 해녀들은 결국 거리로 나섰습니다. 5명으로 시작한 투쟁이 800여 명의 행렬로 늘어납니다. 든든한 동료들과 마을 사람들이 함께한 해녀들의 투쟁에 두려움이 끼어들 틈은 없었습니다.

물질하는 해녀들을 위한
물밑 작업

김시숙이 요시찰 인물이 되면서 독지가를 모을 수 없었던 것처

빗창을 든 해녀들, 세화 오일장에서 연설을 펼치다.

럼, 1920년대는 야학과 강습소가 늘어난 만큼 일제의 경비도 삼엄해졌습니다. 그 결과 많은 청년 동맹이 비밀 조직으로 운영되었죠.

물밑에서 해녀를 돕던 혁우동맹도 비밀 청년 단체 중 하나였습니다. 1930년 3월 1일, 신재홍을 필두로 조직된 혁우동맹은 마을 야학소에서 해녀들을 교육했습니다. 청년들은 해녀들에게 생존권을 지킬 수 있는 실질적인 방법들을 알려주었죠. 혁우동맹의 가르침은 근면 성실하게 일하고도 고통만 받던 해녀들이 처음으로 목소리를 낼 수 있게 한 문명의 성대聲帶가 되었습니다.

한편 1931년 12월 20일, 해녀 대표로 선출된 부춘화와 부덕량, 김옥련은 해녀조합에 전달할 조건을 정합니다. 해녀의 의사와 상관없는 지정 판매를 금할 것, 계약보증금을 생산자인 해녀가 보관할 것, 미성년자와 40세 이상 고령 해녀 혹은 투병 중인 해녀의 조합비를 면제할 것, 조합에서 사용한 재정을 공개할 것 등이 그것이었습니다.

세화 경찰관주재소 터 지척의 구좌파출소.

2부·일제 강점기로 떠나는 시간여행

지속이 빙연한 일들이 지켜지지 않자 해녀들은 전복을 채취할 때 사용하는 빗창을 들고 세화 오일장으로 향합니다. 사람들로 북적이는 장터에서 해녀들은 직업인으로서의 권리를 주장하는 연설을 펼쳤습니다. 투사가 된 해녀들의 최종 목적지는 구좌면 면사무소였습니다. 해녀들의 기세에 당황한 면장은 조건을 받아들이겠다고 했지만, 위기를 모면하기 위한 얕은 술수일 뿐이었죠.

이 정도에서 물러날 거면 시작도 안 했을 테지요. 그로부터 얼마 후 장날인 1월 12일, 세화 경찰관주재소 근처로 해녀 600여 명이 집결합니다. 다시 한번 만세를 부르며 시장으로 향한 이들은 새로 부임한 제주도사의 차량이 나타나자 차를 둘러싼 채 목소리를 높였습니다.

당황한 제주도사는 모든 조건을 들어주겠다고 말했는데, 이번에도 헛된 기대를 심어주었을 뿐 아니라 1월 23일부터 27일까지 34명의 해녀와 이들을 도왔던 혁우동맹 청년들이 대거 체포됩니다. 체포된 이들 중에는 해녀 대표였던 김옥련, 부춘화, 부덕량을 비롯해 혁우동맹을 이끈 신재홍도 있었습니다.

이날 해녀들의 외침은 훗날 제주 3대 항일운동 중 하나로 손꼽힙니다. 하지만 그 주역인 혁우동맹과 해녀들의 존재는 사회주의 색채를 이유로 오랫동안 역사의 외면을 받았지요. 해녀의 독립 유공자 선정과 신재홍의 건국훈장 애국장 서훈은 비교적 최근인 2005년에야 이루어졌습니다.

해녀가 바닷속에서 해산물을 채취해 물 밖으로 나올 때, 참았던 숨을 내쉬는 소리를 '숨비 소리'라고 합니다. 그러니까 숨비 소리는 산 사람이 내쉬는 숨 중 살고자 가장 치열하게 내쉬는 소리입니다.

바다에서 나와도 숨이 막히던 시대, 이들의 치열한 숨구멍은 배움이었습니다. 맨몸으로 바다에 뛰어든 뒤 숨 닿는 만큼 채취하는 해녀 문화는 유네스코 인류무형문화유산으로 등재되어 그 가치를 인정받고 있습니다. 주어진 만큼 거두고 정당한 몫을 쥐는 당연한 섭리를 채취하기 위해 뭍에서 빗창을 들었던 그녀들의 숨비 소리가 멀리서 들려오는 듯합니다.

가이드 J

제주 추천 스폿	주소	제주도 제주시 구좌읍 해녀박물관길 26
	찾아가기	제주 국제공항에서 차로 약 1시간
제주해녀박물관	운영 시간	09:00~18:00
	휴관일	월요일
	입장료	어른 1100원, 청소년(13~24세) 500원, 어린이(12세 이하) 무료
	홈페이지	jeju.go.kr/haenyeo/index.htm

경계를 넘는
제주의 독립운동

선각 여성 김시숙 호상부인회

1933년 7월 15일, 머나먼 일본 땅 오사카 적십자병원에서 숨을 거둔 김시숙의 유해는 어떻게 제주로 돌아올 수 있었을까요? 그녀가 다시 고향 땅으로 올 수 있었던 것은 동고동락했던 여공들의 노력 덕분이었습니다.

10대 여공들의 눈에 마흔을 넘긴 김시숙은 어머니와도 같았습니다. 믿을 구석 하나 없던 타지에서 자신들을 위해 목소리를 내준 김시숙이 세상을 떠나자 여공들은 가족을 잃은 듯 통곡했다고 합니다. 특히 제주 출신 여공들에게 이 죽음은 더욱 각별했겠지요.

어머니 같은 선생님을 잘 보내드리고 싶었던 여공들은 자발적으로 '선각 여성 김시숙 호상부인회'를 조직합니다. 그리고 오사카에서 고유제告由祭를 지낸 뒤, 선생의 고향인 제주 조천까지 유해를 옮깁니다. 피가 섞인 혈육은 아니지만 이들은 가족보다 끈끈한 연고이자 독립운동가 김시숙을 기억하는 증인입니다.

운동장에 들끓던 대한독립의 함성, 용진회

일제 강점기 제주는 스포츠로 이름을 좀 날렸습니다. 한데 모일 자유가 없던 일제 강점기, 스포츠 경기는 조선 민중을 모을 수 있는 몇 안 되는 행사였습니다. 당시 제주를 대표하던 스포츠 단체인 용진회는 육지는 물론 일본에서도 축구 경기를 펼치기도 했습니다. 역사가 기억하는 이때의 명장면에는 여자 선수들의 활약상도 있습니다.

제주도 건입동의 지역사를 기록한 《건입동지》에는 1940년에 열린 여자 릴레이 경기에서 극적으로 역전승을 거둔 한 선수의 일화가 등장합니다. 기록에 따르면, 이들의 유니폼은 당시 한복에 비해 다소 짧은 검정 치마에 흰 저고리가 전부였습니다. 고무신을 신고 뛰다 결국에는 맨발로 달린 선수도 있었죠.

심장이 터지도록 뛰어 끝내 승리한 선수의 모습은 나라를 잃은 백성에게 어떤 의미였을까요. 상상만으로도 가슴이 뜨거워지는 걸 보니 스포츠의 힘이 새삼 강력하게 다가옵니다.

경주 × 역사유적지구

역사를 훔친 사람들, 도굴의 시대

"지붕 없는 박물관"으로 불리는 천년 고찰의 도시 경주는 신라의 유산을 간직한 국내 최대 규모의 역사 유적지입니다. 거대한 봉분들과 그 속에서 발견된 화려한 유물들에는 신라의 신비로움이 고스란히 담겨 있습니다.

지금의 경주를 더욱 빛나게 하는 유물들은 사실 오랜 시간 땅속 깊이 감춰져 있었습니다. 이 진귀한 보물들은 언제, 누구에 의해 세상 밖으로 모습을 드러내게 되었을까요? 경주 땅을 파헤친 이방인들의 이야기를 통해 경주의 숨겨진 사연을 들어봅니다.

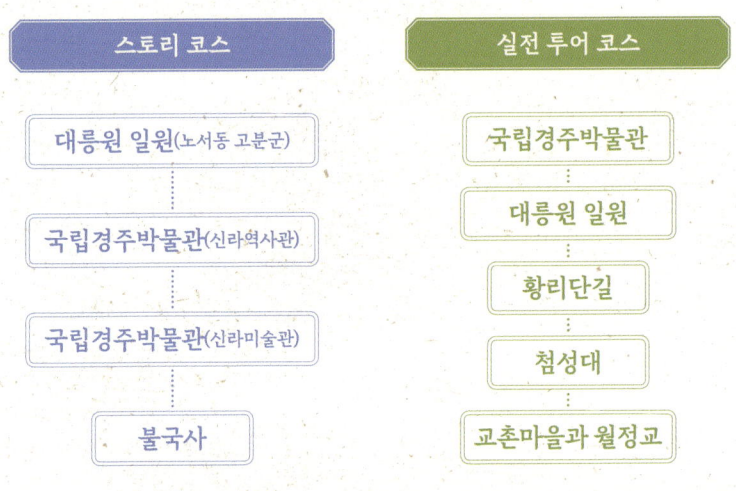

스토리 코스	실전 투어 코스
대릉원 일원(노서동 고분군)	국립경주박물관
국립경주박물관(신라역사관)	대릉원 일원
국립경주박물관(신라미술관)	황리단길
불국사	첨성대
	고촌마을과 월정교

화랑로

서봉총
금관총
대릉원 일원

태종로

첨성로

황룡사지

동궁과 월지

첨성대

교촌마을

월정교

국립경주박물관

오릉

서라벌대로

석굴암

불국사

0   200m

N

비밀의 열쇠,
대릉원의 유리구슬

경주는 고대 왕국 신라의 수도로 천년 역사의 위상을 간직한 도시입니다. 경주 대릉원 일원에 속한 쪽샘 지구에는 약 1100기의 크고 작은 고분이 자리하고 있습니다. 그중 23기의 고분이 유려한 곡선을 그려내는 대릉원은 신라 전기, 즉 3~5세기 초 왕실이나 귀족의 무덤으로 추정되며, 이곳에서 5개의 신라 금관이 출토되었습니다.

무덤의 주인을 명확히 알 수 없을 때는 '~총塚'이라는 이름을 붙입니다. 대릉원의 고분 23기 중 미추왕릉을 제외한 모든 고분을 '~총'이라고 하는 이유입니다.

이곳의 고분 양식은 '돌무지덧널무덤'입니다. 고분 중앙에 관과 부장품을 놓을 공간을 만들고 그 위로 축조 구조물인 목조 가구를

터만 남은 서봉총과 그 뒤로 보이는 금관총의 모습.

금관이 출토되었던 현장, 금관총 내부.

설치합니다. 이걸 '덧널'이라 하죠. 덧널 위로 봉분을 만들기 위해 쌓는 수많은 돌은 '돌무지'이며, 그 위에 진흙을 덮어 돌 틈을 막고 흙을 쌓아 올리면 봉분이 완성됩니다. 입구조차 없는 이 구조는 한번 축조하면 다시 파내기 어려울 뿐만 아니라 누군가 고분 내부로 침입하려 해도 돌들로 막혀 불가능하죠. 그 덕에 대릉원의 고분 대부분이 오랜 시간 도굴을 당하지 않고 살아남았습니다.

하지만 대릉원에도 봉분이 없는 3기의 무덤이 있습니다. 바로 금관총과 서봉총, 식리총입니다. 봉분이 없다는 것은 누군가 무덤을 파냈다는 뜻일 겁니다. 그중 금관총은 일제 강점기에 집을 지을 터를 만드는 과정에서 깎여 나가다가 일제에 의해 '발굴'되며 봉분을 잃게 되었지요. 그렇다면 언제, 어떻게 이곳에서 금관이 발견된 것일까요?

1921년, 경주 시내를 지나던 한 일본 경찰이 대릉원 주변에서 반짝이는 유리구슬을 가지고 노는 아이들을 목격합니다. 장난감이라기에는 진귀한 물건 같아 보이자 일본 경찰은 아이들에게 어디서 난 것이냐고 묻습니다. 아이들은 흙 동산에서 유리구슬이 나왔다고 말하죠. 당시 대릉원에는 민가가 들어서 있었는데, 그중 한 집이 확장을 위해 흙 동산을 파자 그 안에서 유리구슬이 나온 것입니다. 이 사실을 알게 된 일본 경찰은 대릉원의 거대 고분들이 심상치 않다고 판단해 조선 총독부에 보고했고, 이후 대릉원은 일제의 주목을 받게 됩니다.

아마추어 도굴범,
금관총을 파헤치다

이 소식을 듣고 조선 총독부보다 먼저 움직인 사람이 있었습니다. 그의 이름은 모로가 히데오. 1908년 한반도로 건너와 경주에서 대서소의 촉탁으로 남을 대신해 행정 등의 서류를 작성하던 사람이었습니다. 조선 총독부에서 곧 공식 조사단을 파견하겠다고 했지만, 모로가 히데오가 먼저 유리구슬이 발견된 고분을 파헤쳐버립니다.

결과는 엄청났습니다. 고분 속에서 신라인의 금제 장식들이 쏟아져 나왔죠. 아이들이 장난감처럼 가지고 놀던 유리구슬은 무려 3만 개가 넘었고, 무엇보다 신라의 금관이 최초로 세상 밖에 모습을 드러냈습니다. '눈부신 황금의 나라' 신라의 왕이나 최상위 계층이 자신의 신분을 과시하기 위해 한껏 공들여 만든 금관이었으니 얼마나 화려했을까요. 이 고분은 사상 최초로 금관이 출토되면서 '금관총'이라는 이름을 얻게 됩니다.

공식 조사단이 현장에 도착한 것은 모로가 히데오의 발굴이 끝난 뒤였습니다. 한발 늦게 도착해 훼손된 현장을 본 조사단은 안타까움을 금치 못했습니다. 유물 발굴은 단순히 유물을 찾아내는 작업이 아니라 고대의 시간을 현재로 끌어내는 일입니다. 고분은 그 자체로 역사의 지도이기에, 유물의 위치와 배치 등을 통해 주인과 쓰임새, 당시의 문화를 추적할 수 있어야 합니다. 하지만 모로가 히데오의

금관총 금관,
국립경주박물관 소장.
ⓒ국가유산청

금관총 발굴은 고작 사나흘 만에 끝난 아마추어의 '졸속 발굴'에 지나지 않았죠.

일제는 이 일을 어떻게 기록했을까요? 〈경주 금관총 발굴조사보고서慶州金冠塚と其遺寶〉는 모로가 히데오, 그리고 그와 함께 발굴에 참여한 사람들의 기억에 의존해 작성되었고, 이들의 기억이 일치하지 않아 제대로 된 보고서라고 할 수 없습니다. 명색이 발굴이라면서 모로가 히데오가 찾아낸 유물의 개수도 공식적으로 확인해주지 않았지요.

더욱이 조선 총독부는 "일본 영토에서 발견된 첫 금관"이라며 조선과 일본이 고대부터 한 몸이었다는 내선일체內鮮一體를 강화하고, 현 국립경주박물관의 전신인 경주분관을 설립해 모로가 히데오를 초대 주임으로 임명합니다. 이전보다 체계적으로 경주의 다른 고분들을 '발굴'해나가기 위함이었죠.

'서봉총' 이름에 얽힌 뼈아픈 역사

금관총 지척에도 봉분이 없는 무덤이 있습니다. 또 다른 금관이 발굴된 서봉총입니다. 1926년에 경주분관이 고분을 발굴한 후 봉분을 다시 만들지 않고 잔디로 덮어놓은 모습이지요. 서봉총 발굴 당시, 경주분관의 주임 모로가 히데오와 발굴 책임자 고이즈미 아키오는 경주역 기관차 차고 신축 공사에 필요하다는 이유로 서봉총 고분의 흙과 자갈을 건설업자에게 넘겼습니다. 이 역시 유물을 꺼내는 데 치중한 졸속 발굴이었지요.

이 무렵 일본을 방문한 스웨덴 황태자 구스타프 6세가 경주 고분 발굴 소식을 듣게 됩니다. 그는 동양 고고학에 깊은 관심을 가지고 있었는데, 일제는 '자신들의 땅'이라 주장하던 경주의 고고학적 가치와 유물을 황태자에게 소개하며 방문을 권합니다. 그리고 황태자가 서봉총 발굴에 직접 참여한 가운데 봉황 장식이 있는 금관이 출

스웨덴 황태자 구스타프 6세가 참여한 서봉총 발굴 사진, 국립중앙박물관 소장.

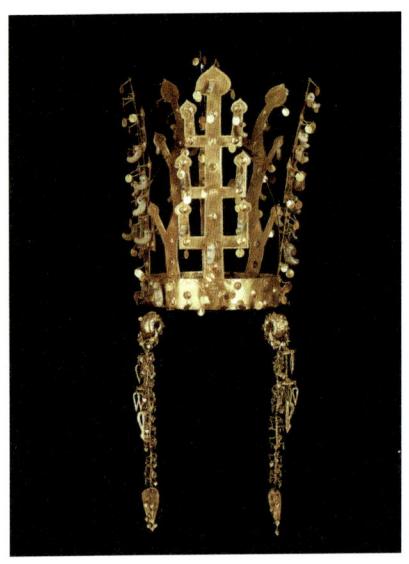

서봉총 금관,
국립중앙박물관 소장.
ⓒ국가유산청

토되죠. 마치 잘 짜인 각본처럼 말입니다.

이 각본의 하이라이트는 고분의 작명입니다. 일제는 스웨덴 황태자와의 합작을 기념하며 고분 이름을 스웨덴의 한자명인 서전瑞典의 '서瑞', 봉황 장식의 금관을 뜻하는 '봉鳳'을 붙여 '서봉총'이라 최종 결정합니다. 일제에게는 서봉총 금관이 스웨덴 황태자와의 스토리를 지닌 의미 있는 물건이 된 순간이었죠.

금관을 발견한 공로를 인정받아 고이즈미 아키오는 평양박물관 관장으로 임명되고, 평양박물관에선 서봉총 금관의 특별 전시가 열립니다. 그런데 여기서 고이즈미 아키오가 큰 실수를 저지릅니다. 특별 전시를 마치고 고관대작들과의 연회 자리에서 평양의 한 기생, 차릉파에게 서봉총 금관과 각종 금제 장신구를 착용시켜 사진을 찍게 한 것입니다. 이 사진이 기사화되면서 고이즈미는 조선은 물론 일본에서도 큰 비난을 받았습니다. 누구도 예상치 못한 이 이야기의 진짜 하이라이트였지요. 결말은 어찌 되었을까요? 그에게 내려진 처분은 시말서 작성뿐, 박물관 관장직은 그대로 유지됐습니다.

지금은 "금관이 출토된 거대한 고대 신라의 무덤"으로 잘 알려진 대릉원이지만, 일제 강점기 이곳의 모습은 달랐습니다. 긴 세월 견고히 봉인되었던 찬란한 유물을 마치 공짜 보물찾기라도 하듯 혈안이 되어 파헤친 사람들의 모습과 그 현장을 손 놓고 바라볼 수밖에 없었던 무력한 현실이 공존했죠. 이는 유물 발굴이라는 명목 아래 자행된 명백한 도굴 범죄였고, 한 나라의 역사와 유산을 존중하지 않은 어리석은 파헤침이었습니다.

사라진 유물을 기다리는
국립경주박물관

국립경주박물관은 고대부터 조선 시대까지 경주를 비롯한 경상도 각지의 유물을 전시합니다. 그중에서도 신라역사관 제2전시실의 상설 전시인 '황금의 나라, 신라'는 관람객의 발길이 끊이지 않는 곳이죠. 전시실에 들어서는 순간 신비롭게 반짝이는 황금빛 유물들이 시선을 사로잡는데, 그 시선 끝에는 모로가 히데오가 금관총에서 꺼낸 유물도 있습니다.

이방인의 손에 의해 세상 밖으로 나온 유물들이 또 한 번 수난을 겪은 사건이 있었습니다. 원래 금관총에서 출토된 모든 유물은 경주 분관에 보관했는데, 1921년 11월 도난 사건이 발생하면서 금관을 제외한 대부분의 유물이 사라지고 만 것이죠. 이 사건은 언론에 대서특필이 되었고, 조선 총독부를 중심으로 도난당한 유물을 찾으려는 시도가 이어집니다. 거액의 현상금을 내걸고, 유물을 소지하면 큰 변을 당할 것이라는 소문까지 퍼뜨리며 범인이 나타나기를 기다렸지만 감감무소식이었습니다.

그러던 어느 날 경찰서장 관사 앞에서 도난당한 유물이 보따리에

신라역사관에는 일제 강점기에 발굴된 신라 유물이 다수 전시되어 있다.

싸인 채 발견됩니다. 사건은 그렇게 일단락되는 듯했지만, 대체 누가 왜 이런 짓을 벌였는지 선뜻 이해가 가지 않았지요. 정확한 범인은 알 수 없지만, 당시에도 가장 의심받는 사람이 한 명 있긴 했습니다. 놀랍게도 그는 경주분관 관장이었던 모로가 히데오입니다.

모로가 히데오는 금관총 발굴 이전부터 경주에서 고대 신라의 유적과 유물을 보존한다는 명목으로 '경주고적보존회慶州古蹟保存會'를 설립해 활동했습니다. 그러나 실상은 발굴 현장에서 유물을 탈취하거나 불법으로 반출하는 일이 잦았습니다. 오죽했으면 1933년, 잇따른 도굴 사건의 주범으로 지목되어 압수수색을 당하고 구속되기에 이릅니다. 조선 총독부조차 도굴과 유물 반출을 공식적으로 금지하고 있었기 때문입니다.

1966년 일본으로부터 환수한 우리 문화재 중에는 모로가 히데오가 불법 반출한 유물이 무려 6건이나 있었습니다. 특히 대릉원에서 출토된 금목걸이와 금귀고리, 금팔찌도 포함되어 있었죠.

모로가 히데오가 작성한 〈경주 금관총 발굴조사보고서〉 속 유물 중 일부는 아직도 국립도쿄박물관이 소장하고 있습니다. 국립경주박물관의 금관과 나란히 전시되어야 할 금관총 유물이 왜 국립도쿄박물관에 있는 것일까요? 여기서 우리가 꼭 기억해야 할 또 다른 이방인이 등장합니다.

'컬렉션'이라는 이름 아래 묻힌
우리 유물

국립경주박물관은 일제 강점기에 일본인이 수집한 한국·중국·일본 관련 문화재 2651점을 소장하고 있습니다. 그중 대다수는 광복 직후 불법 반출에 실패해 우리 박물관이 입수한 것들로, 오구라 다케노스케라는 인물의 수집품이 그중 상당수를 차지합니다.

오구라 다케노스케는 일제 강점기에 대구전기를 설립하며 "전기왕"으로 불릴 정도로 많은 부를 축적한 사업가입니다. 또한 그는 문화재 수집에 열을 올린 인물이기도 하죠. 오구라는 조선을 비롯해 중국, 일본의 다양한 문화재를 닥치는 대로 사들이기로 유명해 그의 집은 늘 골동품상과 도굴꾼으로 붐볐다고 합니다. 조선에 해방의 빛이 동트자 급히 일본으로 돌아간 그는 자신이 수집한 문화재 중 1000여 점'만' 가져간 것으로 전해집니다. 그렇게 시간은 흐르고 흘러 1954년 5월이 되었지요.

오구라 다케노스케의 대구 자택에서 전기 공사를 진행하던 어느 날, 마룻바닥을 뜯어내자 유물이 담긴 나무 상자가 발견됩니다. 그의 일본식 가옥은 700여 평에 달했다니, 마룻바닥 아래에서 수십 개의 상자가 나온 건 놀랄 일은 아니었습니다. 그렇게 발견된 유물들은 국립경주박물관에 인계되었고, 이 소식을 들은 오구라는 안타까워하며 오히려 자신의 수집품을 되찾고 싶다고 했습니다.

그렇다면 그가 일본으로 빼돌린 유물은 지금 어디에 있을까요. 1965년, 한국과 일본은 국교 정상화를 위한 한일기본조약을 체결합니다. 우리 정부는 오구라 다케노스케가 빼돌린 우리 문화재를 반드시 회수해야 할 환수 목록에 올렸는데, 일본은 개인이 수집한 유물은 불법 반출 여부를 정확히 확인하기 어렵다는 이유로 거절했습니다. 그런데 1982년 오구라의 자손이 '오구라 컬렉션'이라는 이름으로 그의 수집품을 국립도쿄박물관에 기증했고, 그중 한국 유물이 1030건에 달했습니다.

위로를 주는 미소,
얼굴무늬 수막새

씁쓸한 황금빛으로 물든 제2전시실을 뒤로하고 제3전시실의 특별한 유물을 향해 발걸음을 옮겨봅니다. 유물을 대하는 올바른 자세는 거기에 담긴 역사적 가치를 이해하고 존중하는 것입니다. 그렇기에 올바른 사람에게 간 유물은 끝내 제자리를 찾는 일도 일어납니다. "신라의 미소"라 불리는 국립경주박물관의 얼굴무늬 수막새의 사연이 그랬습니다.

'수막새'란 한옥과 같은 목조 건축 지붕의 기왓골 끝에 사용하는 동그란 형태의 기와를 일컫습니다. 다른 문양의 수막새와 달리 얼굴

얼굴무늬 수막새, 국립경주박물관 소장.

무늬 수막새는 틀에 찍어내지 않고 기와를 굽는 제와장製瓦匠이 직접 손으로 빚어 세부 형상을 만들기 때문에 더욱 특별하지요. 인자한 미소를 머금고 있는 이 수막새에는 어떤 사연이 있을까요?

1930년대에 지은 화랑수련원은 과거 야마구치병원 건물이었는데, 이곳의 의사였던 다나카 도시노부는 이른바 수막새 '덕후'였습니다. 병원 내부에 '취미실'이란 공간을 만들어 자신이 모은 수막새를 전시할 정도로 수집에 진심이었죠.

시간만 나면 골동품상에 들렀던 다나카 도시노부는 1934년 얼굴무늬 수막새를 만나게 됩니다. 이 수막새가 발견된 곳은 신라 선덕여왕이 창건한 사찰인 영묘사 터로 알려져 있지요. 고대 미술품에 사람 얼굴을 담는다는 건 사악한 기운을 물리치는 벽사의 기능도 넣는다는 뜻입니다. 하늘과 땅을 구분 짓는 기와 끝에서 은은한 미소로 나쁜 기운을 돌려보낸다니, 신라인의 철학을 짐작할 수 있지요.

다나카는 일본으로 돌아간 후에도 얼굴무늬 수막새를 자주 꺼내보며 그 미소가 주는 평온함을 감상했습니다. 그러던 1972년 어느 날, 국립경주박물관의 관장으로부터 얼굴무늬 수막새의 기증을 바란다는 연락을 받게 됩니다. 수집품 대다수를 기타큐슈 시립역사박물관에 기증할 때도 얼굴무늬 수막새만큼은 각별히 여겨 끝까지 소장했던 그였죠.

"신라를 위해 정성스레 만든 제와장을 생각하면 깊은 감명을 주는 수막새를 본 땅에 돌려주어야 한다." 결국 그는 오랜 고민 끝에 국립경주박물관 관장에게 기증 의사를 알렸고, 마침내 수막새는 고국으로 돌아와 '신라의 미소'가 되었습니다.

불국사의
사라진 사자들

국립경주박물관 신라역사관을 나오면 너른 마당이 펼쳐지고, 그곳에는 불국사의 석가탑과 다보탑의 복제품이 전시되어 있습니다. 그런데 다보탑을 유심히 살펴보면 실제 다보탑과 다른 점이 있습니다. 실제 다보탑에는 돌사자가 하나 남아 있지만, 복제 다보탑 기단 위에는 4마리의 돌사자가 귀퉁이마다 각각 놓여 있습니다. 박물관에서는 왜 실제와 다른 모습을 전시한 것일까요? 100여 년 전 사라진 사자들의 이야기를 따라 불국사로 이동해봅니다.

경주를 대표하는 문화재 불국사. 사찰의 입구임을 알리는 일주문 一柱門을 지나 길을 따라 오르면 부처의 세계로 들어가는 관문인 천왕문天王門을 지나게 됩니다. 그리고 부처님의 세계를 수호하는 사천왕의 무시무시한 시선을 통과하면, 마치 이상세계로 향하듯 자연의 정취와 어우러진 불국사의 아름다운 전각이 모습을 드러냅니다.

고려 시대 승려 일연一然의《삼국유사三國遺事》에서는 경주를 이렇게 표현합니다. "사사성장 탑탑안행寺寺星張 塔塔雁行", 절과 절이 하늘의 별처럼 많고, 탑과 탑이 기러기처럼 줄을 잇는다는 뜻입니다. 신라는 이 땅이 곧 부처가 계신 곳이라는 '불국도佛國土' 사상을 믿으며 경주 일대에만 100여 개의 사찰을 지었다고 합니다.

그중에서도 불국사佛國寺는 '부처님의 나라'라는 뜻의 이름에 걸맞은 큰 절이었습니다. 그러나 불국사의 위용은 조선 왕조 500년을 버티지 못했습니다. 유교 중심의 국가 운영으로 불교는 억제되었고, 국가적 지원이 줄어든 데다 전쟁까지 겪으며 일부 건물이 소실된 채 방치되었죠.

그러던 중 불국사가 일제의 눈에 띄게 됩니다. 오랫동안 불교를 섬긴 나라 일본에 불교 국가였던 신라의 유적은 의미가 컸습니다.

1900년대 초, 일제의 의뭉스러운 복원이 이뤄졌던 불국사.

일제는 조선총독부박물관과 자국 고고학자들의 주도 아래 불국사 복원을 진행합니다. 문화재청 국립문화재연구소가 발간한 〈불국사 다보탑 수리보고서〉(2011)에 따르면, 복원 공사는 크게 2기로 나뉘어 진행됐습니다. 1918~1919년 1차 수리를, 1922~1925년에 2차 수리가 이루어졌지요.

일제 강점기 조선 총독부는 '내선일체'를 내세우며 불국사를 포함한 경주 일대의 역사·문화 관광지화를 시도했습니다. 하지만 우리 땅에서 일제가 주도한 발굴 조사가 그러했듯, 불국사 복원 과정에서도 잡음이 끊이지 않았습니다. 설상가상으로 1925년, 일본인들이 다보탑을 완전히 해체한 후 보수한 과정에 관한 기록은 전혀 남

대웅전 앞 석가탑(왼쪽)과 다보탑(오른쪽).

4마리의 돌사자 중 유일하게 남은 다보탑 돌사자상.

아 있지 않습니다.

그렇다면 불국사 대웅전 앞 다보탑의 돌사자들은 언제 사라진 것일까요? 1902년 일본의 건축사가 세키노 다다시가 조사한 바에 따르면, 다보탑에 사자가 4마리 있었을 것으로 추정합니다. 당시 그가 찍은 사진에선 사자 3마리가 확인되는데, 1909년 그는 사자 한 쌍이 없어졌다고 다시 기록을 남깁니다. 그리고 소설가 현진건이 1920년대 후반에 쓴 기록을 보면, 다보탑의 사자 2마리는 일본 요정에 있었다고 합니다.

현재 불국사의 다보탑에는 사자상 하나가 외로이 자리를 지키고 있을 뿐입니다. 그 한 마리를 왜 남겨두었는지 정확한 이유는 알 수 없으나, 얼굴이 훼손되었기 때문에 그대로 둔 것이라고 추측하기도 합니다.

경주는 참 멋진 곳입니다. 죽은 자들의 무덤이 산 자들의 도시를 빛나게 하고, 신라인들의 불심이 수많은 유적으로 남아 후대에 감동을 선사하는 곳이지요. 하지만 오랜 시간 이곳 경주로 돌아오지 못한 유물이 많은 것도 사실입니다. 기왓장 일부가 떨어져나가기 전 완전히 아름다웠을 얼굴무늬 수막새를 상상하며 모든 것이 제자리로 돌아온 경주를 그려봅니다.

가이드 K

경주 추천 스폿 **국립경주박물관**	주소	경상북도 경주시 일정로 186
	찾아가기	고속철도 경주역에서 차로 약 20분
	운영 시간	10:00~18:00(입장 마감 17:30)
	휴관일	1월 1일, 설·추석 당일
	입장료	무료
	홈페이지	gyeongju.museum.go.kr
	인스타그램	gnmuseum

2부 · 일제 강점기로 떠나는 시간여행

석굴암의 사라진
오층 소탑

신라인들은 불교를 국교로 삼고 자신들의 나라가 곧 부처의 나라라고 믿었습니다. 1300여 년 전 그들은 경주 토함산에 2개의 건축물을 지어 불법의 세계를 재현했는데, 바로 불국사와 석굴암입니다. 불국사가 부처의 나라를 현실 세계에 구현한 것이라면, 석굴암은 부처가 다다른 깨달음의 세계를 표현하고자 했죠. 특히 석굴암은 화강암으로 제작한 인공 석굴 사원으로, 원형의 주실 중앙에 거대한 본존불을 모시고 있습니다.

불교를 탄압한 조선 시대를 거치며 방치되었던 석굴암이 흙더미로 막힌 입구를 열고 다시 세상 밖으로 나온 건 1907년입니다. 조선총독부는 1913년부터 미술사학자 세키노 다다시와 기술자들을 동원해 석굴암의 대대적인 복원 공사를 진행합니다. 본래 석굴암 내부에는 통풍구들을 두어 자연 환기가 가능했고, 석굴 밑바닥에는 지하수가 흐르게 설계해 저절로 습도를 조절할 수 있었죠. 하지만 그들은 시멘트를 대량으로 사용하고, 기존 배수로와 통풍 구조를 폐쇄해 버리고 맙니다. 당시로서는 최선이었다고 주장할 수도 있겠으나, 복원 기술력 부족과 과학적 원리에 대한 몰이해 그리고 신라의 석굴 사원에 담긴 종교적 의미를 고려하지 않고 기술 재현에만 치중한 복원 실패 사례로 남게 됩니다.

　그렇다면 복원 전후로 석굴암에서 사라진 유물은 없었을까요? 일제가 복원 공사에 착수하기 전인 1909년, 이토 히로부미의 뒤를 이어 제2대 통감이 된 소네 아라스케가 석굴암을 찾았습니다. 그런데 그가 다녀간 후 석굴암 본존불 뒤에 있던 오층 소탑이 사라졌다는 이야기가 들려옵니다. 소네 아라스케를 용의자로 의심하는 기록도 여럿 확인되었죠.

　실제로 소네 아라스케는 조선에서 엄청난 양의 고문서를 반출했고, 그의 소장품 일부는 1965년 한일기본조약 이후 반환 문화재로 환수돼 국립중앙도서관이 보관하고 있습니다. 하지만 사라진 오층 소탑이 어디 있는지는 아직도 밝혀지지 않았습니다.

석굴암

주소	경상북도 경주시 석굴로 238
찾아가기	고속철도 경주역에서 차로 약 50분
운영 시간	09:00~17:30
휴관일	연중무휴
입장료	무료
홈페이지	seokguram.org

대전×대전역 일대

일제의 계획 도시, 수탈의 거점에서 연대의 중심으로

여정 12

이제는 '꿀돌이아 빵의 도시'로 먼저 회자되는 곳, 대전. '넓은 들판'이란 뜻을 품어 "한밭"으로 불리던 이곳은 대전으로 지명이 바뀐 이후인 1900년대 초까지만 해도 가구 수가 수십 호뿐인 한적한 마을이었습니다. 하지만 1917년경에는 일본인 거주자가 조선인의 약 3배의 이를 정도가 되며 조선 속 일본인 도시로 변모합니다.

일제 강점기, 대전은 지정학적으로 중요한 지역이 되어 급속도로 팽창했습니다. 1917년에 대전리가 대전면으로, 1931년에는 대전읍으로, 1935년에는 대전부로 승격되었죠. 일본인들이 대전 땅에 정착하자 자본이 몰려들었고, 그 틈을 타 잇속에 밝은 조선인이 또 다른 조선인을 착취하는 일이 벌어졌습니다. 이 모든 변화의 시작점은 바로 철도였습니다.

스토리 코스	실전 투어 코스
대전역	대전역
철도 관사촌(현 소제동)	철도 관사촌(현 소제동)
동양척식주식회사 대전지점 (현 헤레디움)	동양척식주식회사 대전지점 (현 헤레디움)
충남도청 (현 대전근현대사전시관)	충남도청 (현 대전근현대사전시관)
충남도지사 관사촌 (현 레미오래)	충남도지사 관사촌 (현 레미오래)
공장촌 (현 인동과 효동 경계)	커플브리지(야경)
	중앙시장

현암로

정보

기찻길	।।।।।।।।।
지하철	- - - - -
주요 도로	
일반 도로	
보조 도로	
공원, 녹지	
하천	

철도 관사촌
(현 소제동)

대전역

대종로

중앙로

중앙시장

중앙로역

충남도청
(현 대전근현대사전시관)

커플브리지

동양척식주식회사 대전지점
(현 헤레디움)

중구청역

충남도지사 관사촌
(현 테미오래)

공장촌
(현 인동과 효동 경계)

0   200m

N

조선 수탈의 심장,
대전역

"잘 있거라 나는 간다 이별의 말도 없이 / 떠나가는 새벽 열차 대전발 영
시 오십분 …(중략)… 아 이슬비에 젖어오는 목포행 완행열차"

–안정해, 〈대전 부르스〉(1956)

대전 지하철 1호선을 타고 대전역에 다다르면 안내방송과 함께
애절한 멜로디가 흘러나옵니다. 최치수가 작사를, 김부해가 작곡을,
안정해가 노래를 맡은 〈대전 부르스〉입니다.

한국 전쟁 이후 대전역은 다양한 대중가요 속에서 헤어짐과 기다
림의 상징이 되었습니다. 이는 철도의 노선이 교차하는 지리적 특성
과 관련이 있습니다. 서울을 출발한 경부선은 대전역에서 호남선과

만나는데, 호남선으로 환승하는 10여 분의 공백은 많은 사연을 만들어내기에 충분한 시간이었습니다. 심지어 그 짧은 시간을 쪼개 후루룩 먹었던 가락국수가 대전의 명물이 되는 계기가 되기도 했지요.

그렇다면 대전역의 시작은 언제였을까요? 목조 단층 건물의 간이 정거장 '태전역太田驛'이 보통역 '대전역'으로 영업을 시작한 것은 경부선 철도가 완전히 개통된 1905년의 일입니다. 철도가 놓인다는

경부선과 호남선이 교차하는 대전역.

2부 · 일제 강점기로 떠나는 시간여행

것은 곧 관공서와 학교, 병원 등 공공시설이 들어서며 근대 도시로 변모한다는 의미이기도 하지요. 그리고 일제 강점기, 교통의 요지가 된 도시는 수탈의 거점이 된다는 사실을 우리는 잘 알고 있습니다. 여기서 질문을 바꾸어보겠습니다. '왜 대전역이었을까?'

사실 대전에 경부선과 호남선을 잇는 철도역이 세워진 것은 계획에 없던 일이었습니다. 1898년 일제는 조선 정부를 압박해 경부철도 합동조약을 체결하고, 1901년 서울 영등포와 부산 초량에서 각각 기공식을 가지며 경부선 철도 공사를 시작했습니다. 이때만 해도 일제는 경부선 충청 지역 노선의 중심지로 공주, 충주, 청주를 후보로 두었지요.

그러나 공주는 조선의 기득권 계층인 유림의 입김이 센 곳이었습니다. 유림이 철도 공사를 반대했고, 설상가상으로 금강이 흘러 철교를 건설해야 하는 탓에 공주는 결국 후보지에서 제외됩니다. 1904년에는 러일전쟁을 치르는 중이었기에, 산맥을 지나야 해서 철도 건설에 시간과 비용이 더 드는 충주와 청주도 자연스럽게 탈락합니다. 그렇게 최소한의 경비로 신속하게 철도 공사를 진행할 수 있는 대전이 일제의 선택을 받게 됩니다. 평야 지대인 데다 조선인 가구 수가 적다는 점이 크게 작용했지요. 그 후 대전은 한반도의 중심 도시이자 신도시로 부상합니다.

1918년, 280여 평의 넓직한 대지로 자리를 옮겨 개축된 지상 2층짜리 대전역의 모습을 한번 살펴볼까요? 대전역사는 대합실 입구를 중앙에 두고 왼쪽에 본관인 2층 건물, 오른쪽에 단층 건물이 이어져 있습니다. 특히 역사 본관은 외관 중앙에 커다란 원형 시계를 설치하고 2층에 식당까지 갖춘 최신식 건물이었지요. 대전역은 부산역, 신의주역 다음으로 대구역과 함께 당시 한반도에서는 역사 규모가 가장 컸습니다.

대전역의 화려한 모습 뒤에는 조선 수탈을 향한 일제의 야욕이 짙게 드리워져 있었습니다. 하루라도 더 빨리 중국 대륙과 만주로 진출하기 위해 안달이었던 일제는 1905년 대전역을 개통하며 그 야욕의 초석을 다집니다. 일본 시모노세키에서 해상철도 관부연락선을 타고 부산에 도착한 일본인들은 대전을 거쳐 경성으로 쉽게 이동했습니다. 그렇게 일본인들이 대전으로 몰려들었죠.

일제 강점기 대전역 전경. 사진집 《망향 조선望鄉 朝鮮》, 코쿠쇼칸코카이(1980)에서 발췌.

　　　　　　　　　　2부 · 일제 강점기로 떠나는 시간여행

대전역 뒤편 소제동 일대의 풍경

일본인을 위한 동네,
소제동 철도 관사촌

"종전終戰 전의 한 시기를 제외하곤, 일찍이 나는 이 도시에 대립하는 두 민족이 살고 있다는 것을 깊이 생각해보지 않았다. 그게 우리들이 실질적으로 식민 통치자들 쪽에 있었고, 그들이 통치를 받는 쪽에 있었다는 사실에 눈을 감았기 때문인지 아니면 아예 생각을 못 했던 것인지, 이 도시의 특이한 분위기로 인해 그렇게 된 것인지, 지금에 와 생각해보게 된다."

– 츠지 만타로, 《포플라와 바가지ぽぷら と ばか ち》(1978)

1909년 대전에서 태어난 사업가 츠지 만타로의 회고록 속 글처럼, 1900년대부터 대전은 조선의 도시도 일본의 도시도 아닌 모호한 모습으로 변해갑니다. 대전역 개통을 위해 철도 건설이 시작된 1904년, 대전에 거주했던 일본인의 수는 180여 명으로 대부분이 철도공사 관계자들이었습니다. 경술국치 해인 1910년에는 그 수가 2480여 명으로 늘어났는데, 당시 조선인 거주자는 1740여 명이었다니 대전은 조선 아닌 조선이 되어버린 셈이었죠. 그렇다면 이들 일본인은 어디에 모여 살았을까요?

고속철도 대전역 바로 옆에는 지상 28층짜리 쌍둥이 빌딩이 우뚝 솟아 있습니다. 철도의 중심지답게 한국철도공사와 국가철도공단의 본사 건물이 나란한 모습인데, 이들이 자리한 대전역 뒤편에서

일본인 철도 종사자들이 모여 살던 소제동 철도 관사촌의 흔적.

걸어서 15분 정도 거리에 우리의 목저지가 있습니다. 세월을 품은 적산가옥들이 여전히 남아 있고, 카페와 음식점 등 새로운 공간으로 재탄생하기도 한 곳, 바로 소제동 철도 관사촌입니다.

일제 강점기 소제동은 일본인 철도 기술자와 노동자들이 모여 살던 관사촌이었습니다. 1920년대 대전에는 방위에 따라 남관사촌, 북관사촌, 동관사촌, 이렇게 3개의 철도 관사촌이 있었는데, 소제동 관사촌은 동관사촌에 해당합니다. 소제동의 사택들은 1920년대에 100여 채까지 늘어났지만 현재는 30~40채만 남아 있습니다.

소제동은 지명에서 유추할 수 있듯이 커다란 호수 '소제호蘇堤湖'가 있던 동네입니다. 조선을 대표하는 성리학자 우암尤庵 송시열이 고택을 짓고 손님을 맞이해 학문을 논하던 기국정을 마련할 만큼 작지만 고즈넉한 마을이었죠. 선생의 건물들은 현재 대전 동구의 우암사적공원으로 모두 이전되었습니다.

소제동, 나아가 일제 강점기의 대전을 깊이 들여다보기 위해 우리가 알아야 할 단체가 하나 있습니다. 바로 대전에 정착한 일본인들이 1905년 결성한 자치회, 대전거류민회입니다. 그들은 자신의 거류지를 6개 구역으로 나누고 구장區長을 선출해 본격적인 '자치'를 시작했습니다.

1907년 대전거류민회는 소제호 주변에 태신궁이라는 일본 신사를 세우고 그 일대를 공원으로 조성합니다. 일본인이 사는 동네에 일본 신사가 들어서는 것이 어색하게 느껴지지 않을 수도 있지만,

개항장의 조계지가 아닌 '조선 땅'에 신사를 세우는 것은 흔치 않은 일이었습니다. 이는 항구 도시의 조계지가 누리던 특혜가 조선 철도망의 건립과 함께 내륙 도시로 이동하고 있음을 보여주는 징표였는지도 모릅니다. 대전에 정착한 일본인들은 이곳을 새로운 삶의 터전으로 생각했고, 대전거류민회를 통해 빠르게 결속해나갑니다.

1927년 일본인들은 야구장을 만든다는 명목하에 축구장 크기의 예닐곱 배에 달하는 소제호도 메워버립니다. 그렇게 조선인과 일본인 동네를 가르는 대동천이라는 새로운 물길이 만들어지죠.

쌀 시장 옆
동양척식주식회사 대전지점

이번엔 대전역을 가로질러 반대편으로 가볼까요. 대전역을 등지고 서면 정면으로 도로가 길게 뻗어 있습니다. 바로 앞 도로는 중앙로입니다. 양손 가득 빵 봉투를 든 여행자들이 중앙로의 인도를 걷고 있는 걸 보니 대전을 대표하는 빵집, 성심당으로 가는 길목이 분명해 보입니다. 저 멀리 목척교의 아치 상징물도 보이네요.

하지만 우리는 다음 목적지로 가기 위해 철도 노선을 따라 남쪽으로 걸어보겠습니다. 그렇게 15분쯤 걸어 만나는 곳, 바로 헤레디움입니다. 현재는 복합 문화 예술 공간으로서 전시나 클래식 공연

복합 문화 예술 공간으로 변신한 구 동양척식주식회사 대전지점.
건물 중앙 상층부에 부착된 태양 마크는 동양척식주식회사의 상징이다.

등이 열리는 곳이지요.

헤레디움HEREDIUM은 라틴어로 '유산으로 물려받은 토지'를 뜻합니다. 그렇다면 이곳은 어떤 역사와 이야기를 들려줄까요. 먼저 건물 전면 중앙부 상단에 자리한 태양 문양 조각이 심상치 않습니다. 바로 동양척식주식회사의 마크입니다.

일제는 1908년에 설립한 동양척식주식회사의 본점을 1917년 경성에서 동경으로 옮기고 이후 전국에 9개의 지점을 운영했는데, 이 대전지점은 1922년에 건립되었습니다. 이곳은 부산, 목포와 함께 현재 남아 있는 3개의 지점 중 하나입니다.

척식拓殖, 즉 '개척'과 '식민'이라는 의미를 담은 이름처럼 동양척식주식회사는 조선의 토지와 자원을 수탈하던 대표적인 국책회사였습니다. 그런 수탈 기관이 대전 인동 지역의 쌀 시장 근처에 들어섰다는 사실이 뼈아프게 다가옵니다. 그렇다면 일제는 왜 하필 대전에 동양척식주식회사의 지점을 설치했을까요.

대전지점 설립은 조선 철도망의 완성과 맞물려 월등히 높아진 대전의 경제적 위상을 보여주는 상징이었습니다. 1920년대 동양척식주식회사는 조선 총독부의 산미증식계획 사업을 대행했습니다. 이에 대전지점은 관할 지역인 충청북도, 충청남도, 전라북도 일부 지역의 논밭을 수탈했고, 쌀 개량 사업에 자금을 댔습니다. 이 과정에서 치솟는 소작료를 고스란히 떠안은 농민 중 일부는 일제의 식민지 공업화 정책에 따라 노동자가 되기도 했죠. 1930년대에 이르러

서는 대전지점이 직접 농장까지 경영하는데, 1941년에는 천안, 논산, 청주 등 8개 지역에서 22개 농장을 경영할 정도로 수탈의 큰 축을 이루었습니다.

동양척식주식회사 대전지점 건물은 당시의 위세를 과시하듯 최첨단 기술을 적용해 지어졌습니다. 철근 콘크리트와 붉은 벽돌 등 고급자재를 동원했으며 외벽은 두껍고 견고하게 만들었지요. 1층 아래에는 석조 기단을 두고, 벽체는 붉은 벽돌을 쌓아 치장하고, 출입구에는 석조 캐노피를 두었습니다. 하지만 100여 년의 시간이 지나 헤레디움이 복원, 전시해놓은 금고 문은 그들의 침탈을 고스란히 보여주는 상징물로 남아 있습니다.

기회주의자의 출현, 충남도청사의 이전

대륙 침략을 위한 일제의 철도망 구축으로 대전은 신도시로 떠올랐고, 동양척식주식회사 대전지점의 설립으로 이곳은 경제적 수탈의 중심지가 됩니다. 이제 일제가 해야 할 일은 대전으로 행정기관을 이전해 기존의 통치 구역을 정비하고 조선의 기득권을 약화시키는 것이었습니다. 그렇게 일제 강점기 대전의 역사에서 큰 획을 그은 사건이 일어납니다. 바로 1932년, 전통 도시였던 공주에서 신도시로 떠오른 대전으로 충남도청을 이전한 일이었습니다.

도청사는 식민 통치의 권위를 과시하기에 좋은 건축물입니다. 하지만 조선 총독부는 대전에 충남도청을 새로 짓는 데 필요한 자금이 부족했죠. 이러한 역사의 소용돌이 속에서는 빠른 눈치로 잇속을 챙기는 인물도 등장하기 마련입니다. 과거 사또의 요강을 담당하던 공주 출신 김갑순도 그중 한 사람이었습니다.

공주감영의 관노였던 김갑순은 노름꾼을 잡으러 간 투전판에서 한 여인을 구해줍니다. 이 여인이 충청남도 관찰사의 첩이 되면서, 이 일을 계기로 그의 관운과 금전운이 열리기 시작합니다. 충청남도 감영에서 하급 관리로 관직 생활을 시작한 김갑순은 조선 총독부의 자문 기관인 중추원 참의 자리까지 오르며 승승장구하죠. 하지만 그는 세금을 횡령하고 같은 조선인에게서 거둬들인 곡식을 착복하는 착취자인 동시에, 오늘날의 표현으로 부동산 투기꾼이기도 했습니다. 그의 입버릇이 일본어로 "모두가 도둑놈"이었다는 데서 알 수 있듯 김갑순은 자신의 행보에 거리낌이 없었습니다.

그는 경부선 대전역이 개통된 1905년부터 대전 땅을 눈여겨보다, 1914년 호남선의 전 구간이 개통되고 대전역을 오가는 승객과 화물의 수가 급등하자 자신의 재산을 대전 땅을 사들이는 데 쏟아부었습니다. 그 결과 대전의 전체 부지 약 57만 평 가운데 무려 22만여 평이 김갑순 소유의 땅이 되었습니다. "공주에서 서울로 가는 길의 절반은 김갑순의 땅"이라는 말이 근거 없는 소문만은 아니었던

1932년 충남도청의 이전으로 대전 사회는 대전환을 맞이한다.

1930년대 관공서 건축 양식을 엿볼 수 있는 구 충남도청 건물.

셈입니다.

그의 잔꾀는 여기서 멈추지 않았습니다. 부동산 투기꾼의 목표는 바로 시세 차익이기 때문이죠. 그는 자신의 땅에 관청이 들어서면 자신에게 더 큰 부가 돌아올 것을 알고 있었습니다. 그래서 충남도청을 대전으로 이전하는 과정에서 대전역 서쪽에 위치한 보리밭 6000평을 일제에 헌납합니다. 뿐만 아니라 충남도지사 관저 부지로 4000평을 추가로 기부했지요.

물론 충남도청을 공주에서 대전으로 옮기는 일은 김갑순 한 사람의 열망만으로는 이뤄질 수 없었습니다. 대전거류민회를 비롯해 대전에 터전을 잡은 일본인들과 일본 기업들의 열성적인 로비가 없었다면 불가능한 일이었죠. 그들 역시 김갑순처럼 거침이 없었습니다. 충남도청 이전을 청탁하며 뇌물을 준 사실이 드러나 야마나시 한조 총독이 물러나는 일까지 벌어졌습니다. 이러한 전방위적인 로비 끝에 결국 조선 총독부는 대전을 충남도청의 새로운 소재지로 결정하기에 이릅니다.

친일의 땅을 딛고
다시 시민에게로

일제 강점기 대전에 새로 지은 충남도청사가 바로 지금의 대전근현대사전시관입니다. 1932년에 건립된 이 건물은 80여 년 동안 도청사로 사용되다 현재는 구한말부터 100여 년간 대전이 품어온 역사를 소개하는 전시관으로 탈바꿈했습니다. 영화 〈변호인〉, 〈서울의 봄〉, 드라마 〈미스터 션샤인〉, 〈라이프 온 마스〉의 촬영지로도 등장했으니, 누군가에게는 익숙한 건축물일 수도 있겠지요.

대전근현대사전시관은 대전에서 보기 드물게 원형이 잘 보존된 근대 건축물로, 1930년대 일본에서 유행하던 관공서 건축 양식으로 지은 것으로 알려져 있습니다. 혹자는 시즈오카현 청사 본관과 외형이 유사하다고 주장하기도 합니다.

웅장하면서도 장식적 요소가 가미된 이 지상 2층 건축물은 밖에서도 안에서도 구경할 거리가 풍부합니다. 건물 외벽은 갈색 타일을 붙여 마감했는데, 자세히 들여다보면 세로로 길게 흠들이 나 있는 스크래치 타일임을 알 수 있습니다. 타일의 모양이 제각각인 건 하나하나 각 위치에 맞춰 제작해서 붙였기 때문입니다. 창문은 스테인드글라스로 꾸몄고, 건물 외벽 기단의 장식적 요소도 구경하는 재미가 쏠쏠합니다.

현관홀을 지나 중앙 로비로 들어서면 이곳이 바로 과거 충남도청사에서 가장 화려했던 공간이었음을 짐작케 합니다. 정면에는 2층으로 향하는 계단, 양옆으로는 쭉 뻗은 복도가 자리하는데, 로비에 세운 아치형 기둥들이 곡선으로 공간을 연결해 고풍스러운 분위기를 자아냅니다. 하지만 묵직한 외관에서 느껴지는 위압감, 벽체와 내부 장식에서 연상되는 조선 총독부의 문양은 이 건축물이 지닌 역사적 출발점을 다시금 떠올리게 합니다.

그렇다면 도지사의 관저를 짓도록 김갑순이 조선 총독부에 헌납한 또 다른 땅에는 어떤 변화가 있었을까요. 대전근현대사전시관에서 나와 남쪽으로 20분 정도 걸으면 옛 충남도지사 관사촌인 테미오래에 도착합니다. 이곳은 1930~1940년대 도지사와 국장급 이상 고위 관료들이 거주했던 작은 동네로, 특히 충남도지사 공관에는 2013년까지 40명이 넘는 도지사가 머물렀습니다. 6·25전쟁 당시에는 이승만 전 대통령이 이곳을 임시 거처로 삼기도 했지요.

권력자들이 거주했던 곳이었던 만큼 과거 이 동네는 늘 경찰의 통제 아래 있었습니다. 하지만 지금은 복합 문화 예술 공간으로 탈바꿈해 남아 있는 11채 중 7채를 시민들에게 개방하고 있습니다. 일제 강점기 관사 건축의 전형을 보여주는 이곳의 건축물들은 외관은 서양식 주택, 내부는 일본식 가옥의 특징을 지닙니다. 이웃한 관사마다 테마를 달리해 구경하는 재미가 있고, 동네 분위기도 고즈넉해 들러보길 추천드립니다.

시민들에게 개방한 구 충남도지사 관사촌의 5호 관사.

저항의 방식으로
연대하다

대전이 충청도의 중심 도시로 빠르게 변해가자, 땅 부자 김갑순도 상당한 부를 축적하게 됩니다. 그가 평당 1전에 사둔 땅은 충남도청이 대전으로 이전한 뒤 무려 그 1000배인 100원까지 뛰어오릅니다. 김갑순과 일본인 고용주들이 더 많은 이익을 얻기 위해 분주하게 움직이던 그 시기, 대전의 노동자들은 수탈의 현장에서 살아남기 위해 뜻을 모으기 시작했습니다.

일제 강점기 대전의 일본인 거류지는 대전역 부근인 지금의 원동, 중동, 정동 지역이었습니다. 일본인을 위한 학교와 병원, 은행, 상점 등이 들어서며 이 일대는 일본의 도시와 다를 바 없는 모습으로 변해갑니다.

그렇다면 당시 대전의 조선인들은 어디에 모여 살았을까요? 그들은 대전역 아랫동네인 인동, 효동, 천동과 윗동네인 삼성동 등지에 터를 잡았습니다. 이곳에 그들이 일할 공장들이 있었지요. 당시 대전은 공장이 들어서기에 최적의 입지 조건을 갖추고 있었습니다. 경부선과 호남선이 교차하는 교통의 중심지여서 인력과 물자 수송이 용이했고, 이에 따라 대전으로 인력이 몰려들었습니다. 하지만 인구 유입이 급증하면서 일자리는 부족해졌고 임금은 더욱 낮아졌습니다. 1930년대엔 대전에 거주하는 조선인의 수가 일본인

수를 다시 앞지르기 시작했고, 1919년 26개였던 대전의 공장 수가 1935년에는 64개까지 늘어납니다.

1926년, 일본의 3대 기업 중 하나인 미쓰이사는 대전에 군시제사공장郡是製絲工場 지사를 설립합니다. 제사製絲, 즉 누에고치에서 실을 뽑아내는 공장인데, 이렇게 생산한 비단 실은 낙하산, 방탄복, 군복, 탄약 포장 등 군수물자 제작에 쓰였습니다. 이후 일제는 1937년 중일전쟁을 시작으로 1941년 태평양전쟁까지 벌이며 군수 물자 확보에 혈안이 됩니다. 이 과정에서 착취를 당하는 건 늘 힘없고 가난한 조선인 노동자들이었습니다.

대전에 자리 잡은 미쓰이사의 군시제사공장의 사정도 다르지 않았습니다. 1930년을 기준으로 이곳은 조선에서 다섯 번째로 큰 제사공장이었는데, 조업원의 대다수가 18세 이하 어린 여공들이었습니다.

약 5000평의 건물에 제사기 400여 대를 두고 600명이 넘는 조업원이 1년 중 344일을 쉬지 않고 일했습니다. 이렇게 일하는 데도 임금은 국적, 성별, 나이에 따라 차등을 두었습니다. 당시 대전의 한 피혁공장의 임금 체계를 살펴보면, 일본인 성인 남성에게는 하루 일당으로 평균 3.30엔을 지급한 반면, 조선인 남성은 1.30엔, 조선인 여성 노동자는 0.74엔, 소년 노동자는 0.50엔을 지급했지요. 그리고 소녀 노동자에게 지급한 임금은 고작 0.30엔이었습니다.[*]

＊　장윤선,《일제 강점기, 근대 도시 대전의 탄생》, 이숲(2021), 139쪽.

이렇듯 열악한 노동 환경 속에서 조선인 노동자가 살아남을 방법은 연대뿐이었습니다. 1929년, 미쓰이사의 대전공장에서 조선인 노동자들이 처음으로 파업을 일으킵니다. 이들이 요구한 노동권은 사람답게 살아갈 가장 기본적인 권리였습니다. 임금의 1할을 강제로 떼어 저금하게 하고 3년이 지나야만 찾을 수 있었던 제도를 폐지하고 언제든지 인출할 수 있게 해달라는 것, 기숙사 뒷문 통행을 허가해달라는 것이었으니까요.

짧았던 첫 파업에 이어 일어난 두 번째 파업은 그야말로 기념비적인 결과를 이끌어냅니다. 1932년 11월, 여공 600여 명이 참여한 대규모 파업은 대전에서는 유례없는 일이었습니다. 조선인 노동자들이 내건 요구 조건은 이전보다 분명하고 구체적이었습니다. '노동 시간 단축', '임금 인상', '인종 차별 반대', '식사 개선', '조선인 해고 반대', '일본인 직원의 면직' 등의 항목이 포함되어 있었지요. 파업이 시작된 지 일주일 만에 미쓰이 본사의 중재로 파업은 일단락되었고, 회사는 조선인 노동자들의 요구 대부분을 수용했습니다. 이는 조선인 노동자들이 승리한 몇 안 되는 사례였지요. 이후 대전의 노동운동은 식민지 조선의 다른 도시, 다양한 노동자들의 투쟁에 영향을 주며 이어집니다.

일제 강점기 초기의 투쟁은 일제에 대한 저항과 항거의 성격이 강했다면, 일제의 지배가 장기화되면서 투쟁은 계급과 젠더 등 다양한 양상으로 세분화됩니다. 대전은 거미줄처럼 뻗은 철도망을 따라 한반도에 드리운 일제의 야욕이 응집된 곳입니다. 하지만 그곳에는 최소한의 인간다운 삶을 살기 위해 투쟁하고 연대했던 평범한 조선인들이 있었습니다.

가이드 C

대전 추천 스폿		
대전근현대사전시관 (옛 충남도청)	주소	대전시 중구 중앙로 101 옛 충남도청사 본관 1층
	찾아가기	대전 지하철 중구청역 4번 출구에서 도보 약 5분
	운영 시간	11~2월 10:00~18:00(입장 마감 17:30), 3~10월 10:00~19:00(입장 마감 18:30)
	휴관일	월요일, 1월 1일, 설·추석 당일
	입장료	무료

대전형무소의 기억,
망루와 우물

아파트 단지 사이로 콘크리트 망루 하나가 보입니다. 그 지근거리에는 맞배지붕을 얹은 아담한 붉은 벽돌 건물이 자리하고, 그 아래에는 우물도 하나 있습니다. 대전시 중구 목동에 위치한 이곳에는 1919년부터 1984년까지 감옥이 있었습니다.

처음 이곳에 붙인 이름은 대전감옥이었습니다. 1919년, 조선 총독부는 3·1만세운동으로 체포된 독립운동가의 수가 급증하자 당초 계획보다 앞당겨 대전감옥을 신설합니다. 개소 초기에는 250여 명을 수용했지만 증축을 통해 규모를 키워나갔고, 1923년에는 대전형무소로 이름을 변경합니다. 1930년대, 일제는 경성의 서대문형무소, 이북의 함흥형무소, 이남의 대전형무소를 미결수를 가두는 구치감으로 지정해 활용했는데, 이들 시설에는 주로 사상범들을 수감했습니다.

한국전쟁을 겪으며 대전형무소에는 또 다른 불행이 더해집니다.

대전 골령골 산골짜기에 "세상에서 가장 긴 무덤"이라 불리는 가로 30m에 달하는 집단 매장지가 조성된 것입니다. 1950년 6월과 7월 사이, 20여 일 동안 수감자들은 골령골로 줄줄이 끌려갔습니다. 미결수부터 정치사범, 과거 좌익에 뜻을 뒀다가 전향한 이들까지 최소 1800여 명의 비명이 그 골짜기를 휘감았습니다. 좌우의 이념이 대립하던 시대, 학살자는 다름 아닌 정부와 군이었습니다.

같은 해 9월에는 퇴각하던 북한군에 의해 대전형무소에 수감된 우익 인사들과 일반 재소자들이 나흘 동안 집단 처형을 당하는 일이 벌어졌습니다. 이때 1500여 명이 희생되었다고 알려져 있는데, 지금도 남아 있는 형무소의 우물 안에서 170여 구의 시신이 인양되기도 했습니다.

밑부분이 깨져나간 콘크리트 망루는 7개의 감시탑 중 하나로, 1961년 대전형무소가 대전구치소로 개칭된 이후에 지었습니다. 그 근처 우물은 대전형무소 시절부터 취사장에 물을 공급하던 곳이었지요. 일상의 풍경과 어우러지지 못한 채 덩그러니 남겨진 망루와 우물은 슬프고 아팠던 우리 역사의 순간들을 오늘도 기억하고 있습니다.

당일치기 조선여행 전국 편

초판 1쇄 발행 2026년 1월 2일

지은이 트래블레이블, 이용규, 김혜정, 송은교, 장보미, 최윤정
감수 이도남 | 사진 임현철
기획 신미경 | 편집 송지영, 신미경 | 교정교열 박성숙
디자인 어나더페이퍼
지도 일러스트 우나경 | 캐릭터 일러스트 SongMoonSong
마케팅 블랙타이거, 히웅

펴낸곳 노트앤노트
등록 2022년 2월 14일 제2022-000052호
주소 서울시 마포구 양화로 8길 17-28 270호
이메일 admin@noteandknot.com
인스타그램 @noteandknot

ISBN 979-11-992351-2-0 03910

이 책의 제안 내용과 오탈자 제보 등은
QR코드로 연동되는 문서에 작성 바랍니다.